Michael Hofmann /
Mirjam Springer (Hg.)

unter Mitarbeit von Miriam Esau

Johnson-Jahrbuch
16. Jahrgang 2009

V&R unipress

Anschrift der Redaktion:
Prof. Dr. Michael Hofmann, Universität Paderborn, Fakultät für Kulturwissenschaften, Warburger Straße 100, D-33098 Paderborn, mhofmann@mail.uni-paderborn.de
Dr. Mirjam Springer, Universität Münster, Germanistisches Institut, Hindenburgplatz 34, D-48143 Münster, spring@uni-muenster.de

„Dieses Softcover wurde auf FSC-zertifiziertem Papier gedruckt. FSC (Forest Stewardship Council) ist eine nichtstaatliche, gemeinnützige Organisation, die sich für eine ökologische und sozialverantwortliche Nutzung der Wälder unserer Erde einsetzt."

Bibliografische Information der Deutschen Nationalbibliothek

Die Deutsche Nationalbibliothek verzeichnet diese Publikation in der Deutschen Nationalbibliografie; detaillierte bibliografische Daten sind im Internet über http://dnb.d-nb.de abrufbar.

ISBN 978-3-89971-678-8

Printed in Germany.
Druck und Bindung: CPI Buch Bücher.de GmbH, Birkach

Gedruckt auf alterungsbeständigem Papier.

V&R unipress

Inhalt

Kritik

Analyse

Michael Opitz

Chronisten der Wirklichkeit: Uwe Johnson und Christoph Hein

Ein Wort, das Uwe Johnsons erwähnt, als er seinen Lehrer Hans Mayer würdigt, bezieht Christoph Hein auf sich, als er Mayer seine Referenz erweist. In *Einer meiner Lehrer* beschreibt Johnson, wie er Hans Mayer im Westen empfangen hat, nachdem der Lehrer, wie zuvor sein Schüler, von Ost nach West ›umgezogen‹ war. »Ich habe ihn begrüßt, als er kam, er war jetzt wieder für mich erreichbar, aber ich habe mich auch erinnert an den Schüler, der ich in Leipzig war, und mir die vorgestellt, die da seine jetzt nicht werden können, und ich dachte: Schade.«[1] Dieses ›Schade‹ versteht Christoph Hein in dem von Johnson gemeinten Sinn. Ihm war es, anders als Uwe Johnson, nicht vergönnt, den Ausführungen Hans Mayers im berühmten Hörsaal 40 der Leipziger Universität zu folgen. »Ich« – so heißt es bei Hein – »konnte nur zu einem seiner Fern-Studenten werden, einem Schüler ehrenhalber, einem scholaris h. c.«[2]

Es bleibt nicht bei der Fernbekanntschaft. Christoph Hein lernt Hans Mayer kennen. In *Hans Mayer – Schöne Jahrhundertdurchblicke* beschreibt er seine letzte Begegnung mit dem Doyen der deutschen Literaturwissenschaft kurz vor Mayers Tod.[3] Den berühmtesten Schüler Hans Mayers, Uwe Johnson, lernte Christoph Hein allerdings nie persönlich kennen. Der zehn Jahre jüngere Christoph Hein begegnet Uwe Johnson nur in dessen Werk. Eine Reihe von Heins Aufsätzen lassen Vertrautheit mit Johnsons Texten erkennen. So erinnert er in *Die Mauern von Jerichow* (1992) an jenes Kapitel aus den *Jahrestagen*, in

1 Uwe Johnson: *Einer meiner Lehrer*, in: Rainer Gerlach, Matthias Richter (Hg.): Uwe Johnson, Frankfurt am Main 1984, S. 22–29, hier: S. 29. – Der Beitrag entspricht dem Vortrag, den ich auf der Tagung »Literatur als Spiegel der Wirklichkeit. Schlaglichter auf Uwe Johnson und die DDR-Literatur« am 23. Oktober 2007 im Uwe Johnson Literaturhaus in Klütz gehalten habe.

2 Christoph Hein: *Rede eines Stellvertreters*, in: Uwe Neumann (Hg.): Johnson-Jahre. Zeugnisse aus sechs Jahrzehnten, Frankfurt am Main 2007, S. 550–552, hier: S. 551.

3 Christoph Hein: *Hans Mayer – Schöne Jahrhundertdurchblicke*, in: ders.: *Aber der Narr will nicht. Essais*, Frankfurt am Main 2004, S. 142–155.

dem Johnson durchspielt, was geworden wäre, »wenn Jerichow zum Westen gekommen wäre«. Christoph Hein nimmt die von Johnson entworfene Denkmöglichkeit aus dem Jahre 1972 zum Anlass, sie mit der Wirklichkeit des Jahres 1992 zu konfrontieren. Den wiedervereinten Menschen in Ost und West empfiehlt er:

Wenn wir miteinander vertraut werden wollen, müssen wir zuvor begreifen und akzeptieren, daß wir uns fremd sind. Wenn wir dies übersehen und auf die zwar gemeinsame und doch trennende Sprache setzen und glauben, der Wörterbücher und Dolmetscher entbehren zu können, werden die Mißverständnisse zunehmen, das Mißverhältnis, die Mesalliance.[4]

Dem Aufsatz ist ein gewisses Unbehagen am Verlauf der Wiedervereinigung eingeschrieben. Hein erscheint sie als Hochzeit von zwei ungleichen Partnern.

Freilich, die Braut kam aus ärmlichen Verhältnissen, und so setzte der Bräutigam – wie bei wirtschaftlichen und privaten Vereinigungen ungleicher Partner üblich – den Heiratsvertrag allein auf. Die Braut hatte beizutreten und war gebeten, ihren ärmlichen Besitz, kostbare Erinnerungsstücke für sie, wertloser Trödel für ihn, dabei vollständig aufzugeben. Die Hochzeit wurde vollzogen, eine jahrzehntelang verbotene und unvorstellbare Vereinigung.[5]

Die Brautleute gingen nach der geschichtlichen Zäsur 1945 zunächst verschiedene Wege, bevor sie 1990 wieder zusammenfanden. Doch in der Zwischenzeit verloren sie sich nicht aus den Augen. Sehr genau achteten sie darauf, was der jeweils andere auf dem politischen Parkett anstellte. Mit dem Wort ›schwierig‹ ist die Beziehung nur annähernd beschrieben. Eifersüchtig und rechthaberisch wurde über eine Grenze hinweg wahrgenommen, wie sich der einstige Partner entwickelte. Gemeinsame Erinnerungsbilder gerieten dabei in eine deutliche Schieflage.

Die Geschichte dieser Brautleute, die es nach 1990 erneut miteinander versuchen, hat Uwe Johnson seit seinem »Umzug« 1959 bis zu seinem Tod 1984 beschäftigt – Christoph Hein interessiert sie bis auf den heutigen Tag. Als Chronist steht Hein für Zeugenschaft. Chroniken haben etwas Verlässliches – zumindest sagt man ihnen nach, dass sie brauchbar seien, um Auskünfte über vergangene Ereignisse einzuholen. Dort, wo das individuelle Erinnern zur Ungenauigkeit neigt, geben Chroniken Auskunft, wie es gewesen ist. Aufgabe des Chronisten wäre es demnach festzuhalten, was geschehen ist. Bewerten muss er

4 Christoph Hein: *Die Mauern von Jerichow*, in: Neumann (Anm. 2), S. 558–579, hier: S. 567.
5 Ebd., S. 566.

das Geschehene nicht, sondern nur beschreiben, was sich ereignet hat. So würde er dafür sorgen, dass nichts vergessen wird. Ob die Ereignisse es wert sind, festgehalten zu werden, ob es sich also um historisch kostbare Erinnerungsstücke oder wertlosen Trödel handelt, dies zu entscheiden, ist seine Aufgabe nicht. Der Wert darf ihn nicht interessieren. Die Notwendigkeit festzuhalten unterliegt allein dem Zweck der Zeugenschaft. Eine Botschaft hat der Chronist deshalb nicht. In der von ihm aufgestellten Inventarliste werden sowohl Gewinne als auch Verluste verzeichnet – sie stehen aber kommentarlos für sich. Der Chronist notiert, was Geschichte kostet, welchen Preis sie hat. Chroniken sind Rechnungen, die Auskunft darüber geben, wer wie viel bezahlen musste.

Diese Beobachterrolle eines Teilnehmenden an der Geschichte zeichnet Christoph Heins schriftstellerisches Schaffen aus. Er ist Chronist. »Ein Chronist«, schreibt Hein in dem Aufsatz *Die Zeit, die nicht vergehen kann oder Das Dilemma des Chronisten,*

> also auch der Autor als Chronist seiner Zeit, ist als Religionsstifter untauglich, da für ihn das erste Gebot jeder Religion nicht gilt, nämlich andere Götter nicht anzuerkennen. Der Chronist muß dem anderen Gott Gerechtigkeit widerfahren lassen, er hat die Tugenden und die Untugenden aller Götter zu nennen. Er hat nicht zu huldigen, vielmehr darf er den Blick nicht senken, muß alles wahrnehmen und aufzeichnen können. Und das ohne Haß und Eifer, also gelassen und unparteiisch. Das ist, seit es Geschichtsschreibung und Literatur überhaupt gibt, die Pflicht des Chronisten, des Historikers wie des Literaten.[6]

In diesem Zusammenhang wird für Christoph Hein Balzac zu einer wichtigen Bezugsperson: Der französische Realist verstand sich als ›Sekretär der Geschichte‹. Für einen Chronisten hält Christoph Hein aber auch Franz Kafka, den Versicherungsangestellten aus Prag, der mit seiner Chronik des 20. Jahrhunderts bereits fertig war, als das Zeitalter noch in den Kinderschuhen steckte.

Das 20. Jahrhundert, reich an Ungeheuerlichkeiten, hat die Menschen skeptisch werden lassen gegenüber Indoktrinationen und vermeintlich wahrheitsgetreuen Darstellungen. Zweifel sind angebracht gegenüber Aufzeichnungen, die aus der Perspektive der Sieger geschrieben wurden. »Die jeweils Herrschenden«, heißt es in Walter Benjamins Thesen *Über den Begriff der Geschichte,*

> sind aber die Erben aller, die je gesiegt haben. Die Einfühlung in den Sieger kommt demnach den jeweils Herrschenden allemal zugut. [...] Wer immer bis zu diesem

6 Christoph Hein: *Die Zeit, die nicht vergehen kann oder Das Dilemma des Chronisten,* in: ders.: *Der Ort. Das Jahrhundert. Essais,* Frankfurt am Main 2003, S. 140–171, hier: S. 151f.

> Tage den Sieg davontrug, der marschiert mit im Triumphzug, der die heute Herrschenden über die dahinführt, die heute am Boden liegen.[7]

Benjamin sieht die Aufgabe des Chronisten darin, »nichts, was sich je ereignet hat, für die Geschichte verloren zu geben«.[8]

Auf Walter Benjamin kommt Christoph Hein an verschiedenen Stellen zu sprechen. In dem Essay *Maelzel's Chess Player Goes Too Hollywood. Das Verschwinden des künstlerischen Produzenten im Zeitalter seiner technischen Reproduzierbarkeit*[9] lässt sich Hein auf die in Benjamins Aufsatz *Das Kunstwerk im Zeitalter seiner technischen Reproduzierbarkeit* (1935/36) entwickelten Thesen über die Veränderungen der Kunstreproduktion ein und vergleicht sie mit den aktuellen Bedingungen des Marktes Mitte der achtziger Jahre.

Auch Uwe Johnson erwähnt Walter Benjamin. In den *Begleitumständen* heißt es: »Erwerb der ›Schriften‹ von Walter Benjamin, zwei Bände, für schmerzlich ersparte 250 Mark Ost gleich 45 Mark West.«[10] In Johnsons Leipziger Freundeskreis gab es ein reges Interesse an den Vertretern der Kritischen Theorie und also auch an Walter Benjamin. »[I]n Leipzig war der Verfasser gestossen auf Leute«, heißt es in den *Begleitumständen*,

> die schrieben unverlegen an den Suhrkamp Verlag in Frankfurt am Main, wenn dort im Jahre 1955 zwei Bände Schriften von Walter Benjamin unerreichbar erschienen waren, und erklärten ihre Lage. Der Suhrkamp Verlag [...] verstand diese Zustandsbeschreibung, und sandte das Gewünschte.[11]

An verschiedenen anderen Stellen erwähnt Johnson in den *Begleitumständen* Benjamins Thesen *Über die Technik des Schriftstellers* aus der 1928 erschienenen *Einbahnstraße*, die sich wie ein roter Faden durch die Frankfurter Poetik-Vorlesung ziehen. Neben den geschichtsphilosophischen Arbeiten Benjamins, die Johnson früh für sich entdeckt, hinterlässt auch die Lektüre von Benjamins literaturwissenschaftlichen Arbeiten Spuren in seinem Werk. Benjamin erwähnt im *Passagen-Werk*, welches methodische Verfahren er anwendet, um die Geschichte des 19. Jahrhunderts zu rekonstruieren: »Ich habe nichts zu sagen.

---

7 Walter Benjamin: *Über den Begriff der Geschichte*, in: ders.: *Gesammelte Schriften*, Bd. I/2, hg. von Rolf Tiedemann und Hermann Schweppenhäuser, Frankfurt am Main 1974, S. 691–704, hier: S. 696.

8 Ebd., S. 694.

9 Christoph Hein: *Maelzel's Chess Player Goes To Hollywood. Das Verschwinden des künstlerischen Produzenten im Zeitalter der technischen Reproduzierbarkeit* (1986), in: ders.: *Öffentlich arbeiten*, Berlin, Weimar 1987, S. 165–194.

10 Uwe Johnson: *Begleitumstände*, Frankfurt am Main 1980, S. 140.

11 Ebd., S. 74.

Nur zu zeigen.«[12] Johnson, der Benjamin schätzt, wird erneut mit dem Namen des Mannes konfrontiert, der die Gabe hatte, »dichterisch zu denken«, als er 1968 Hannah Arendts Vortrag über Walter Benjamin in New York hört.[13] Das Interesse an Benjamin steht am Anfang der Freundschaft zwischen der Philosophin und dem Schriftsteller, wobei auch Hannah Arendts Hinweis auf den Sammler Benjamin für Johnson von Interesse gewesen sein dürfte. »Die Leidenschaft des Sammlers«, schreibt Hannah Arendt in dem Essay *Walter Benjamin*,

> ist nicht nur unsystematisch, sie grenzt ans Chaotische, und zwar nicht so sehr, weil sie Leidenschaft ist, sondern weil sie sich primär gar nicht an der Qualität des Gegenstandes, die klassifizierbar ist, entzündet, vielmehr an seiner »Echtheit«, an seiner Einzigartigkeit, die alle systematische Zuordnung sprengt. Während also die Tradition die Vergangenheit profiliert, ebnet der Sammler alle Unterschiede ein.[14]

Der Sammler Benjamin, der aus dem Fragment gebliebenen *Passagen-Werk* die Urgeschichte des 19. Jahrhunderts zu entfalten gedachte, hat Sammeln als »eine Form des praktischen Erinnerns« verstanden.[15]

Erinnern, das ist eine Aufgabe, mit der Christoph Hein in seinem Roman *Horns Ende* den noch nicht erwachsenen Thomas konfrontiert. Sie wird ihm von einem Toten gestellt, der sich nicht an die geltenden Spielregeln hält. Tot ist in diesem Fall nicht gleich tot. Christoph Hein kehrt um, was Heiner Müller als Herausforderung seines Schreibens verstanden hat: ›Die Toten müssen hergeben, was mit ihnen begraben wurde.‹ Anders als Müller fordert Hein die Lebenden heraus. Sie müssen hergeben, was sie vergessen haben. Selbst der Tod kann den toten Horn nicht zum Schweigen bringen. Die Sache muss dringend sein. Wer sich so nachdrücklich in die Gemeinschaft der Lebenden drängt, muss eine Rechnung offen haben. Zum Ansprechpartner für Horn wird Thomas, der noch ein Kind war, als Horn Unrecht widerfuhr. Thomas ist aufgefordert und dadurch herausgefordert, sich zu erinnern. Ausreden und Entschuldigungen lässt Horn nicht gelten. Er will, dass die Umstände seines Todes erinnert werden. Sein Tod wäre umsonst gewesen, wenn die Geschichte, die zu seinem Tod geführt hat, nicht im Gedächtnis bleibt, wenn sie vergessen wird. Deshalb ist Horn so energisch und lässt sich nicht den Mund verbieten. Er will ebenso im Gedächtnis bleiben wie Paula Trousseau, die zentrale Figur in Heins Roman *Frau Paula Trousseau* (2007). Auch sie sucht vergeblich nach einem

12 Walter Benjamin: *Gesammelte Schriften*, Bd. V/1: *Das Passagen-Werk*, hg. von Rolf Tiedemann, Frankfurt am Main 1991, S. 574.

13 Hannah Arendt – Uwe Johnson. Der Briefwechsel 1967–1975, Frankfurt am Main 2004.

14 Hannah Arendt: *Walter Benjamin*, in: dies.: *Walter Benjamin – Bertolt Brecht. Zwei Essays*, München 1971, S. 7–62, hier: S. 55.

15 Benjamin (Anm. 12), S. 271.

Erben für ihren Nachlass. Der von ihr auserwählte Nachlassverwalter fühlt sich nicht in der Lage aufzubewahren, was Paula ihm überlassen will. Paula Trousseau ist illusionslos, was das Erinnerungsvermögen der Lebenden anbelangt. Sie misstraut möglichen Zeugen, die sich eventuell an sie erinnern könnten, weshalb sie ihre Lebensgeschichte selber aufschreibt.

In *Horns Ende* stellt Christoph Hein jedem der acht Kapitel einen Dialog zwischen Thomas und dem toten Horn voran: »Warum haben Sie mich ausgesucht?«, fragt Thomas Horn zu Beginn des 6. Kapitels.

- Ich habe dich nicht ausgesucht. Das warst du selbst.
- Wenn Sie keinen Frieden haben, lassen Sie mir meinen Frieden.
- Hast du es immer noch nicht begriffen, Junge? Du bist es, der mit den Toten nicht leben kann. Du bist es, der darüber reden muß. Die Toten haben euch vergessen, aber ihr könnt uns nicht vergessen.
- Ich habe mit Ihnen nichts zu tun. Damals war ich ein Kind.
- Du hast mit vielen Toten zu tun. [...] Die Straßen sind voll von Toten.[16]

Erinnern ist nicht selbstverständlich. Horn muss vielmehr Erinnern einfordern. Er wehrt sich gegen das Vergessen, um seine Geschichte wachzuhalten – eine Geschichte, die zu rekapitulieren schwierig ist. Erinnern ist notwendig, aber es ist ebenso problematisch geworden wie das Erzählen. Wie es denn wirklich gewesen ist, lässt sich mit einfachen Worten schon lange nicht mehr sagen. Der Rekonstruktion vergangener Ereignisse steht nicht nur das Vergessen im Weg, sondern es wird auch von Irrtümern und Lügen ver- und behindert. Zeugen sind unzuverlässig. Und: Was heißt Zeugenschaft, wenn es gilt, ein Leben zu bezeugen, wobei gleichzeitig aufgeklärt werden muss, welche Ursachen zum Tode führten?

Christoph Hein verzichtet in *Horns Ende* auf einen auktorialen, allwissenden Erzähler und greift auf ein mehrstimmiges Figurenensemble zurück, zu dem Dr. Spodeck, Kruschkatz, Gertrude Fischlinger, Thomas und Marlene gehören. Sie sollen hergeben, was sie über Horn wissen. Der Ort, an dem Hein die Handlung des Romans ansiedelt, heißt Guldenberg – eine Stadt mit zwei Gesichtern. Hein erwähnt Details, die, werden sie zusammengefügt, die Kulisse für ein Märchen darstellen. Es gibt in Guldenberg eine Burg mit einem dazugehörigen Burghof. Das Museum, in dem Horn arbeitet, ist in einem Burgturm untergebracht. Helene, eine Freundin von Gertrude Fischlinger, bei der Horn zur Untermiete wohnte, wird als Hexe bezeichnet und sie ist es, die nach Horns Tod die bösen Geister aus dem Zimmer verjagt, in dem er wohnte. Narren siedelt

16 Christoph Hein: *Horns Ende*, Berlin, Weimar 1985, S. 233. Alle weiteren Zitate im Text mit Seitenangabe.

Hein unterhalb des Burgberges an – Horn ist froh, sie während der Sommerpause für längere Zeit nicht sehen zu müssen. Von armen »Teufeln« ist ebenso die Rede wie von der »Hölle« (183). Bevor Horn Selbstmord begeht, suchen ihn im Turmzimmer des Burgturmes zwei Männer auf. Thomas sieht Horn und die Männer, als er durch das Schlüsselloch guckt. Er hört ihre Stimmen, als er an der Tür lauscht – eine Stimme sagt, Horns Schwester habe die Republik illegal verlassen. Thomas erinnert sich auch an die einer Anklage gleichkommende Frage, die in diesem Zusammenhang gestellt wird: »Für wen arbeiten Sie, Horn?« (271) Es ist mehr zu ahnen als wirklich zu erfahren, was man Horn vorwirft. Er sei, so heißt es im Bericht von Kruschkatz' Stellvertreter Bachofen,

> als ein typischer Vertreter des intellektuellen Kleinbürgertums entlarvt worden, dessen Unglaube an die Kraft der Arbeiterklasse und ihrer Partei ihn genötigt habe, der bürgerlichen Ideologie Zugeständnisse zu machen und im Chor mit liberalistischen Schwätzern eine sogenannte Erweiterung der Demokratie zu fordern. (127)

Der Vorwurf lautet: Revisionismus und Sektierertum.

Keiner dieser Vorgänge will in das märchenhafte Ambiente passen. Die Realität Mitte der fünfziger Jahre entbehrt der Beschaulichkeit. Dies ist gewiss. Ob Horn tatsächlich Selbstmord begangen hat, ist nicht mit Bestimmtheit zu sagen. Auf jeden Fall wird er in der Selbstmörderecke des Friedhofs beigesetzt. Es waren Thomas und sein Freund Paul, die die an einem Baum hängende Leiche entdeckt hatten. Es sah aus, als sei es Selbstmord gewesen. War es Selbstmord?

Kruschkatz, der Bürgermeister Guldenbergs, kannte Horn aus Leipzig. Er wusste, dass Horn bereits bei einem Parteiverfahren, das zum Ausschluss und zu seiner Versetzung nach Guldenberg führte, Unrecht geschehen war. Damals hatte Kruschkatz diesen Ausschluss beantragt. Doch wir erfahren nicht, was Horn damals vorgeworfen wurde. Kruschkatz schweigt. Er versucht seine Mitverantwortung zu relativieren, indem er das Verfahren gegen Horn als Folge einer höheren Gesetzmäßigkeit hinstellt: »Es war ihm [Horn] ein geschichtlich notwendiges Unrecht angetan worden im Namen eines höheren Rechts, im Namen der Geschichte.« (83)

Christoph Hein verzichtet auf einen Erzähler zugunsten verschiedener Stimmen. Das Resultat der Vielstimmigkeit ist aber dennoch nicht ›befriedigend‹, weil vieles unaufgeklärt bleibt. Das erzählerische Verfahren ist zwar verlässlicher, aber es weist weiterhin Unschärfen auf. Es gelingt Hein durch die Mehrstimmigkeit eine Erweiterung der Perspektive, aber die, die er zu Wort kommen lässt, sagen nicht die ganze Wahrheit. In dem von ihnen entworfenen Bild sind nur Konturen erkennbar. Das Bild selber ist Spiegel- und Zerrbild in einem – die Zeugen sind zugleich Teilnehmer an dem Prozess, den sie bezeugen sollen. Sie sind verwickelt und nicht ohne Schuld.

Das Bild, das sich so ergibt, weist Leerstellen auf. Solche Leerstellen lassen sich auf Fotografien bewusst herstellen, indem die so genannte Schüfftan-Variante angewendet wird. Was es damit auf sich hat, erwähnt Dr. Spodeck in seinem Bericht. Durch die Anwendung dieser Technik ist es möglich, Teile eines Fotos so zu bearbeiten, dass das Bild seinen Aussagegehalt verändert. Personen, Dokumente, die sich in der Überlieferungsgeschichte als störend erweisen, können durch dieses Verfahren retuschiert werden; man kann – auch dies ist technisch möglich – »Mißliebiges gegen Beliebiges austauschen« (278). Vermeintliche Dokumente können sich als falsch erweisen. Fälschungen, so stellt es sich für Horn dar, sind das tägliche Brot der Geschichtsschreibung:

> Was ist denn Geschichte anders als ein Teig von Überliefertem, von willkürlich oder absichtsvoll Erhaltenem, aus dem sich nachfolgende Generationen ein Bild nach ihrem Bilde kneten. Die Fälschungen und unsere Irrtümer sind der Kitt dieser Bilder, sie machen sie haltbar und griffig. (278f.)

Dr. Spodeck wird im Roman als Guldenbergs Chronist vorgestellt. Er bringt für diese Aufgabe die notwendigen Voraussetzungen mit. Er ist skeptisch gegenüber dem Umgang mit historischem Material und er misstraut der Überlieferungsgeschichte. Weil er weiß, dass es ein Interesse gibt, die wahre Geschichte zu verschweigen, hat er von seiner Chronik der Geschichte Guldenbergs drei Kopien angefertigt. So ist die Chance größer, dass wenigstens ein Exemplar erhalten bleibt. Der Arzt und Apotheker Guldenbergs, der seinem Vater gegenüber gehorsam aus Berechnung war, plädiert dafür, sich im Misstrauen zu üben. Zweifeln wird als intellektuelle Verantwortung gegenüber der Geschichte verstanden – es schließt ein anderes Misstrauen ein: »Mißtrauen wir uns selbst.« (281)

Wenn es ein Märchen sein soll, das Christoph Hein erzählt, dann ist es ein »gruseliges Märchen« (145f.), wie es im Roman heißt. Es handelt von korrupten Menschen, die bereit sind zu denunzieren, wenn es die Staatsdoktrin für erforderlich hält und dem eigenen Fortkommen dient. In Guldenberg beherrscht man die Kunst, alles unter den Teppich zu kehren. Geübt im Vergessen, wissen die Guldenberger, dass es nicht immer vorteilhaft ist, sich zu erinnern. Zyniker wohnen in Guldenberg Tür an Tür mit Karrieristen, Opfer wie Marlene Seite an Seite mit Tätern. Kein märchenhafter Ort, vielmehr einer, den man fliehen möchte. Christoph Hein beruft Personen in den Zeugenstand, die dabei waren, als Horn unter ihnen lebte. Sie waren Zeugen des Unrechts. Am Ende weiß man mehr über Horn und kennt jene besser, die sich an Horn erinnerten. Doch Skepsis gegenüber diesen Zeitzeugen bleibt angebracht. In *Ich hielte gern Frieden und Ruhe, aber der Narr will nicht* beschreibt Christoph Hein, was den modernen Intellektuellen auszeichnen sollte:

Das Urbild des modernen Intellektuellen hat Shakespeare, Homer folgend, beschrieben: es ist Thersites, der alles beschimpft, weil er nichts übersehen kann, der ein Zyniker genannt wird, weil er die fatale Wahrheit ausspricht, der sich unflätig gegen jedermann benimmt, weil er den Kompromiß verachtet und verabscheut und wie ein Kind an seinen Idealen hängt. Er bekommt für seine Wahrheiten von jedermann Prügel, und sein Name wird pejorativ gebraucht.[17]

Guldenberg, die Stadt, in der die Gemeinheit angesiedelt ist, mag keine Stadt sein, nach der man sich sehnt. Christoph Hein macht sie wohl gerade deshalb, weil sie nichts verträumt Märchenhaftes hat, in seinem Roman *Landnahme* erneut zum Schauplatz. Diesmal fordert Bernhard Haber, ein Flüchtlingskind, die Stadt heraus. Der Sohn eines Tischlers bleibt in Guldenberg, nachdem sein Vater ermordet wurde, und widersteht der Stadt, die sich bereits vor dem Mord schuldig gemacht hat: »Schreiben Sie die ganze Stadt auf«, heißt es in *Landnahme*, als die Tischlerei von Bernhards Vater abbrannte. »Wenn Sie den Täter haben wollen, schreiben Sie Guldenberg hin.«[18] Bernhard Haber, ein Niemand, schafft es, sich einen Platz unter den ›angesehenen‹ Bürgern der Stadt zu erobern. Dieser Haber ist einer, der nichts vergessen kann, aber lernt, mit den Lügen seiner Mitbürger zu leben. Seinen Aufstieg zeichnet Hein nach. Dazu lässt er erneut verschiedene Figuren zu Wort kommen. Sie alle kannten Bernhard Haber, einer von ihnen ist Thomas, der Sohn des Apothekers, des Chronisten von Guldenberg.

»Der Chronist ist der Geschichts-Erzähler«, schreibt Benjamin in seinem Aufsatz *Der Erzähler*. »Der Historiker ist gehalten«, heißt es weiter,

die Vorfälle, mit denen er es zu tun hat, auf die eine oder andere Art zu erklären; er kann sich unter keinen Umständen damit begnügen, sie als Musterstücke des Weltlaufs herzuzeigen. Genau das aber tut der Chronist, und besonders nachdrücklich tut er das in seinen klassischen Repräsentanten, den Chronisten des Mittelalters, die die Vorläufer der neueren Geschichtsschreiber waren. Indem diese ihrer Geschichtserzählung den göttlichen Heilsplan zugrunde legen, der ein unerforschlicher ist, haben sie die Last beweisbarer Erklärung von vornherein von sich abgewälzt. [...] Im Erzähler hat der Chronist in verwandelter, gleichsam säkularisierter Gestalt sich erhalten.[19]

---

17 Christoph Hein: *Ich hielte gern Frieden und Ruhe, aber der Narr will nicht. Über Politik und Intellektuelle*, in: Hein (Anm. 6), S. 101–111, hier: S. 103.

18 Christoph Hein: *Landnahme*, Frankfurt am Main 2004, S. 42.

19 Walter Benjamin: *Der Erzähler. Betrachtungen zum Werk Nikolai Lesskows*, in: ders.: *Gesammelte Schriften*, Bd. II/2, hg. von Rolf Tiedemann und Hermann Schweppenhäuser, Frankfurt am Main 1977, S. 438–465, hier: S. 451f.

»Es ist nämlich schon die halbe Kunst des Erzählens«, heißt es an anderer Stelle, »eine Geschichte, indem man sie wiedergibt, von Erklärungen freizuhalten«.[20] Nichts darf dem Leser aufgedrängt werden. Er muss die Freiheit behalten, sich »die Sache zurechtzulegen«.[21] Sache des Autors ist es, diese »Sache« so zu präsentieren, dass es dem Leser möglich ist, sich in der Geschichte bewegen zu können.

Die XIII. These aus Walter Benjamins *Einbahnstraße*: »Das Werk ist die Totenmaske der Konzeption«, zitiert Johnson in den *Begleitumständen*. Im Rückgriff auf diese benjaminsche These erklärt er sich nachträglich mit der von Peter Suhrkamp auf Rat seines Lektors Siegfried Unseld ausgesprochenen Ablehnung seines Romanerstlings *Ingrid Babendererde. Reifeprüfung 1953* (1985) einverstanden. Nach mehreren Überarbeitungen kam Johnson zu dem Schluss: »Nun mochte die Geschichte zwar funktionieren, aber sie hatte das Leben verloren. Sie war ›totgeschrieben‹. Ganz recht, dann ist das Werk die Totenmaske der Konzeption.«[22] Der zweite Versuch einer Bearbeitung war auch der Versuch, die benjaminsche These zu widerlegen. »In den Diskussionen über These XIII konnte einer lernen, dass er sie nur widerlegen konnte mit einem zweiten Versuch«.[23] In diesem zweiten Versuch der Arbeit an *Ingrid Babendererde* führt Johnson einen »Zeugen« ein. Auch dieser Versuch scheitert. Dennoch erweist sich Zeugenschaft für Johnson als bedeutende Forderung, der sich ein Autor verpflichtet fühlen sollte.

In einem Brief an Walter Kempowski, datiert vom 22. April 1972, gibt Johnson dem Kollegen einige Ratschläge für dessen Arbeit an dem Buch *Gold*. Johnson gibt »Gründe« zu bedenken:

> Der erste hat zu tun mit Ihrer Beschränkung auf Zeugenschaft: was Sie nicht gesehen haben, was Ihnen nicht zu Ohren gekommen ist etc. in der erzählten Zeit, all dies schliessen Sie aus. So kommt es zu einem Mangel an Realien in der Erzählung, damit zu einem Mangel an Beziehungen. Nicht dass ich Ihnen geradezu Erfindungen zumuten möchte, aber die Benutzung anderer Zeugenberichte könnte nicht schaden.[24]

Johnson hätte Kempowski auch auf seinen Roman *Mutmassungen über Jakob* hinweisen können, denn ein weiterer Grund, den er im zitierten Brief geltend macht, betrifft den Erzähler. Johnson plädiert für einen »Erzähler mit Dis-

---

20 Ebd., S. 445.

21 Ebd.

22 Johnson: *Begleitumstände* (Anm. 10), S. 88.

23 Ebd., S. 74.

24 Uwe Johnson – Walter Kempowski. »Kaum beweisbare Ähnlichkeiten«. Der Briefwechsel, hg. von Eberhard Fahlke und Gesine Treptow, Berlin 2006, S. 62.

tanz«.[25] Dieser Erzähler ist das Gegenteil zum auktorialen, allwissenden Erzähler. Der Johnson vorschwebende Erzähler ist jener vorsichtig agierende Erzähler, der in den *Mutmassungen* am Werk ist. Es ist ein Erzähler, der häufig durch Abwesenheit glänzt, weil er nicht der berufene Zeuge ist und demnach ungeeignet ist, Zeugenschaft zu garantieren. Soll die Erzählung über den Tod Jakobs der Wahrheit nahe kommen, dann heißt es, andere Zeugen aufzurufen, zunächst solche, die Jakob kannten.

Der narrative Rahmen, so man im Hinblick auf den Roman *Mutmassungen über Jakob* davon sprechen will, ist kein geschlossenes, sondern ein nach allen Seiten offenes Gebilde. Johnson hält die Geschichte offen, indem er offen lässt, wer in der Geschichte das Wort ergreifen darf. Er räumt Zeugen ein Stimmrecht ein, wenn der Aufklärung dienlich ist, was sie zu sagen haben. Aber er hat gegenüber diesen Zeugen keinerlei Verpflichtungen. Haben sie gesagt, was sie wussten, kann er sie ohne Angabe von Gründen jederzeit aus dem Handlungsgeschehen verabschieden. Der »Erzähler mit Distanz« weiß nichts besser. Doch er weiß eins mit Sicherheit: Zeugen erinnern sich nicht nur unterschiedlich, sondern sie haben auch Wesentliches, was der Aufklärung dienlich gewesen wäre, schlichtweg vergessen.

Das Geschäft des Erzählens ist problematisch geworden – es lässt sich nicht mehr einfach erzählen. Angewiesen auf Details, sucht der Erzähler Zeugen. Er ermuntert sie, das Wort zu ergreifen, und muss doch damit rechnen, dass sie falsch Zeugnis ablegen. Er kann auf Erklärungen verzichten, wenn er anderen das Wort erteilt, aber er muss wissen, wen er in den Zeugenstand beruft. Gesagtes stellt er hin, damit darüber befunden wird. Der »Erzähler mit Distanz« prescht nicht vor, sondern er bleibt im Hintergrund. Wenn er nicht zugegen war bei dem, worüber es zu berichten gilt, hält er sich zurück. Johnson erinnert in diesem Zusammenhang an eine Episode, die Alfred Döblin nachgesagt wird: »Wenn Tante Emma ins Zimmer stürzt, sich aufs Sofa wirft und ausbricht in hemmungsloses Schluchzen – woher weiss der das, der davon schreibt?«[26] Die Frage muss sich der Autor stellen lassen. Er muss schlüssig beantworten können, woher er seine Informationen bezieht. Anders, und mit Uwe Johnson gefragt: »Wo steht der Autor in seinem Text? Die Manieren der Allwissenheit sind verdächtig.«[27] War man nicht zugegen, dann, so lautete Johnsons Empfehlung an Kempowski, ist es ratsam, auf andere »Zeugenberichte« zurückzugreifen. Die verbriefte Zeugenschaft lässt jenen Freiraum entstehen, der es dem Leser ermöglicht, sich »ohne Anleitung eines anderen« ein Urteil zu bilden.

25 Ebd., S. 63.

26 Ebd., S. 132.

27 Uwe Johnson: *Berliner Stadtbahn (veraltet)*, in: ders.: *Berliner Sachen. Aufsätze*, Frankfurt am Main 1975, S. 7–21, hier: S. 20.

Uwe Johnson erwähnt in den *Begleitumständen* das Exposé zu seinem Roman *Mutmassungen über Jakob*, das er gemäß dem Wunsch des Verlegers Peter Suhrkamp entworfen hat. In diesem Exposé könnte, so erinnert sich Uwe Johnson, etwa das Folgende gestanden haben:

Einer (hier scheute jemand vor dem Ausliefern von Namen) ist im Herbst 1956 achtundzwanzig Jahre alt, in der beruflichen Ausbildung und Tätigkeit auf der Stufe eines Dispatchers bei der »Deutschen Reichsbahn«. Darin schon überfordert, wird er nachhaltig gestört durch das Verhalten seiner Mutter, die unverhofft und unerklärt aus dem Land davonläuft. Zu danken hat er dies einem Interessenten von der geheimen Polizei, der Auskünfte wünscht über eine Person, an der sie einmal Mutterstelle vertreten hatte. Diese Halbwaise, Tochter ihres Hauswirts, inzwischen dreiundzwanzig Jahre alt, ist als Angestellte einer Behörde des Nordatlantischen Vertrages womöglich im Besitz von Kenntnissen, nach denen die Rote Armee sich sehnt.[28]

Diese Konzeption hat ihren Abdruck im Werk hinterlassen, ohne dass die erzählte Geschichte darin aufgeht. Johnson erwähnt im Exposé keine Namen, äußert sich aber dazu, in welchem Jahr der Roman spielt. Er verweist auf das Alter und die Anstellung zweier Personen und führt aus, dass eine andere Figur aus einem Land davongelaufen ist. Für den Weggang gibt er Gründe an. Ein Roman wird aus diesem Exposé, Johnson bezeichnet es als »Skelett«, erst durch die literarische Realisierung von Beziehungen. Die Umsetzung, also der Roman *Mutmassungen über Jakob*, ist demnach die Totenmaske der Konzeption. Sie bekommt eine Form, von der Johnson sagt: »Die Geschichte muss sich die Form auf den Leib gezogen haben.«[29] Die *Mutmassungen* sind das Ergebnis von Verhandlungen mit Beteiligten. Diese Beteiligten kannten jemanden, der nicht mehr für sich sprechen kann. Der Begriff ›Zeugenschaft‹ ist insofern nicht willkürlich gewählt. Johnson arbeitet »Hand in Hand« mit seinen »Leuten«, weil es etwas in Erfahrung zu bringen gilt, wozu er Zeugen braucht. Und es stellt sich heraus, dass er dafür eine Form der Mitteilung finden muss, mit der seine »Leute« einverstanden sein können. Es gilt auch, Einwände zu berücksichtigen:

In dem Bestreben, nur ja die Chronologie einzuhalten, war er [der Erzähler] auch gleich auf das hohe Ross eines allwissenden Autors gestiegen, der berichtete von

28 Johnson: *Begleitumstände* (Anm. 10), S. 129.

29 Uwe Johnson: *Vorschläge zur Prüfung eines Romans*, in: Gerlach, Richter (Hg.) (Anm. 1), S. 30–36, hier: S. 33f.

Vorgängen, bei denen seine Anwesenheit unpraktisch gewesen wäre, sogar unerwünscht.[30]

Der allwissende, der auktoriale Erzähler war für die Darstellung, die Johnson umgesetzt wissen wollte, ungeeignet. Die Rolle des Bescheidwissers war für die Dialoge hinderlich. Johnson findet über den Zweifel an der anfangs eingenommenen Haltung zu einer Lösung für seine Geschichte, die seine nicht ist. In den *Mutmassungen* kommen die zu Wort, deren Stimmen der Autor hört. Er vertraut nicht seiner Stimme, sondern ihren und bekommt so eine eigene, unverwechselbare Stimme. Das Ohr ist diesem Erzähler ebenso wichtig wie der Mund – Verstehenwollen ruft ihn als Erzähler auf den Plan. »Er hörte seine Leute reden«, heißt es in den *Begleitumständen.*

Es war ein Ton, der aufbegehrte gegen eine Gewissheit, die war so unwiderruflich, die war in ein Grab getan; ihm wurde deutlich vorgesprochen, und gehorsam schrieb er nach: Aber Jakob ist immer quer über die Gleise gegangen. Er hörte sie reden, ihre mutlose, ihre unentwegte Gegenwehr [...].[31]

Der Erzähler, der mit Distanz erzählt, lässt andere zu Wort kommen. Dadurch wird nicht nur die Frage aufgeworfen, wohin er sich zurückgezogen hat, sondern es gibt ein Interesse daran zu erfahren, wer spricht.

Dieses Erzählprinzip hat Nachahmer in der deutschsprachigen Literatur gefunden. Auf Parallelen zwischen Uwe Johnsons *Mutmassungen über Jakob* und Christa Wolfs zwei Jahre später erschienenem Roman *Der geteilte Himmel* (1961) hat Hans Bunge in einem Gutachten zur Verleihung des Heinrich Mann Preises 1963 an Christa Wolf aufmerksam gemacht. Darin heißt es:

Rita und auch Jacob [sic!] kommen in die DDR zurück. Rita gerät beinahe zwischen zwei Eisenbahnwagen und wird ohnmächtig. Jacob wird auf den Schienen überfahren. [...] Und eine Übereinstimmung gibt es bei beiden Autoren schließlich auch in der erzählerischen Grundkonzeption: jeweils vom Ende her – dem Tod Jacobs beziehungsweise der Ohnmacht Ritas – werden ihre Geschichten rekonstruiert. Jacob kann nicht mehr sprechen und deshalb werden anhand der Kenntnisse, die andere Leute über ihn haben, Mutmaßungen über sein Leben und über die Beweggründe für seinen Freitod angestellt.[32]

---

30 Johnson: *Begleitumstände* (Anm. 10), S. 132.

31 Ebd., S. 133.

32 Hans Bunge, zit. nach: Sabine Wolf: Christa Wolf und Uwe Johnson – zwei Möglichkeiten, in: Johnson-Jahrbuch 11 (2004), S. 153–176, hier: S. 168.

Die Unverbindlichkeit, die Bunge konstatiert, scheint gewollt zu sein. Johnsons Erzähler kann es nicht genauer sagen, weil er es nicht anders gehört hat. Und er will nicht den Eindruck vermitteln, dass er mehr wüsste als jene, die dabei waren. Dies ist also keine bewusst vorgenommene ›Verrätselung‹. Dass im Erzählten Leerstellen Leerstellen bleiben, ist der »künstlerischen Notwendigkeit« geschuldet.[33] Personen erinnern sich an Jakob Abs. Doch indem sie etwas hergeben, verschweigen sie zugleich etwas. »Das bringt natürlich die Frage herauf«, formuliert es Uwe Johnson im Gespräch mit Horst Bienek,

> was bleibt von einem toten Menschen übrig im Gedächtnis seiner Freunde oder seiner Feinde oder seiner Geliebten? Und da wurde mir klar: natürlich, die erinnern sich an ihn. Widersprüchlich, einer weiß was anderes als der andere, sie streiten sich mitunter, wenn nicht immer, sie erinnern sich.[34]

Dass einer etwas anderes weiß als ein anderer, wenn es gilt, sich an eine Person zu erinnern, ist eine Erfahrung, die auch für Christoph Hein in seinem Roman *Horns Ende* erzählerische Konsequenzen nach sich zieht. Auch er erteilt Personen das Wort, die Horn gekannt haben. Diejenigen, auf die der Erzähler bei seiner Recherchearbeit stößt, erinnern sich widersprüchlich – doch er sieht keinen Grund, sie darauf aufmerksam zu machen. Anders als Johnson in den *Mutmassungen* macht Christoph Hein in *Horns Ende* und in *Landnahme* seine Figuren kenntlich. Es wird darauf verwiesen, wer spricht, weil jedes Kapitel des monologisch angelegten Erinnerungstextes mit einem Namen überschrieben ist. Namentlich lassen sich auch die wichtigsten, wenngleich nicht alle Figuren in den *Mutmassungen* festmachen. Allerdings ist es bei dem dialogisch angelegten Erzählprinzip, für das sich Johnson entschieden hat, deutlich schwieriger zu bestimmen, wer mit wem im Gespräch ist. Johnson verwebt die Stimmen miteinander, während Hein sie gegeneinander stellt. Ebenso wie Uwe Johnson ist auch Christoph Hein ein »Erzähler mit Distanz«. Der Chronist übernimmt die Rolle des Sekretärs. Er beschreibt, was sich ereignet hat. Er nennt Namen, damit nicht gemutmaßt werden muss, wem er seine Informationen verdankt. Heins »Leute« können sich äußern, ohne befürchten zu müssen, dass ihnen widersprochen wird. Sie dürfen ihre Geschichte erzählen, ihnen wird Zeit zugestanden, sie zu entwickeln. Die aus den unterschiedlichen Perspektiven resultierenden Widersprüche enträtselt Hein ebenso wenig wie Johnson. Der Autor weiß

33 Manfred Durzak: Dieser langsame Weg zu einer größeren Genauigkeit. Gespräch mit Uwe Johnson, in: ders.: Gespräche über den Roman, Frankfurt am Main 1976, S. 428–460, hier: S. 432.

34 Horst Bienek: Werkstattgespräch mit Uwe Johnson, in: Eberhard Fahlke (Hg.): »Ich überlege mir die Geschichte...«. Uwe Johnson im Gespräch, Frankfurt am Main 1988, S. 194–207, hier: S. 203.

es nicht besser als der Leser, der sich die Geschichte überlegen möge. Werden dabei Zweifel geweckt, dürften sie beabsichtigt sein.

Lothar van Laak

Selbstanklage, Selbstverurteilung, Selbstrechtfertigung. Rhetorik und Ethik in Uwe Johnsons *Skizze eines Verunglückten*

1. Einige Vorbemerkungen zu Ethik und Rhetorik in der aktuellen literaturwissenschaftlichen Theoriedebatte

In der Literaturwissenschaft herrschte lange die Perspektive einer nahezu notwendigen und ebenso notwendig zunehmenden Autonomisierung der Literatur in der Moderne vor.[1] Diese Deutungsperspektive setzt mit der transzendentalpoetischen Wende um 1800 ein und impliziert eine ganz grundsätzliche Trennung von Ethik und Ästhetik. Die tradierte Bindung der aufklärerischen Ästhetik und Literatur an die Moral (und auch an die Religion)[2] ist mit der Konzeption des modernen, autonomen Kunstwerks bei Moritz, Kant und Schiller[3] und in der Ausdifferenzierung des Teilsystems der Literatur in der Zeit der Romantik ebenso entschieden wie anscheinend endgültig gelöst worden. In dieser Perspektive rücken Fragen nach der Ethik des Ästhetischen, nach der Moral der Kunst, aus dem Blick, selbst in der gattungsbezogenen Engführung als Frage

1 Vgl. zu einer grundlegenden Bestimmung von Modernität: Helmuth Kiesel: Geschichte der literarischen Moderne. Sprache, Ästhetik, Dichtung im zwanzigsten Jahrhundert, München 2004 sowie die Beiträge in: Barbara Becker, Helmuth Kiesel (Hg.): Literarische Moderne. Begriff und Phänomen, Berlin, New York 2007.

2 Das aufklärerische und säkularisierende Potenzial gerade in den religiösen Auseinandersetzungen in der Literatur des 18. Jahrhunderts hebt hervor: Hans-Georg Kemper: Deutsche Lyrik der frühen Neuzeit, Bde. 5.1: Aufklärung und Pietismus und 5.2.: Frühaufklärung, Tübingen 1991.

3 Vgl. Sabine Schneider: Die schwierige Sprache des Schönen. Moritz' und Schillers Semiotik der Sinnlichkeit, Würzburg 1998; Andrea Kern: Schöne Lust. Eine Theorie der ästhetischen Erfahrung nach Kant, Frankfurt am Main 2000.

nach der poetischen Gerechtigkeit im Drama.[4] Positionen wie die von Bertolt Brecht oder Peter Weiss z. B. erscheinen dann jenseits einer politischen oder sozialhistorischen Einordnung merkwürdig un-ästhetisch, anachronistisch oder geschichtsphilosophisch obsolet.

Interessant ist deshalb, dass nicht nur das Verhältnis zwischen Literatur und Religion, zwischen Literaturwissenschaft und Theologie in den letzten Jahren intensiv diskutiert worden ist.[5] Auch die Frage nach dem Verhältnis von Literatur und Ethik beschäftigt die Literatur- und Geisteswissenschaftler jetzt wieder.[6]

Ähnliches lässt sich für das Verhältnis von Ästhetik und Rhetorik feststellen. So alt wie die Bindung der Kunst an die Moral erscheint auch der Rückgriff auf das Textproduktionssystem der Rhetorik. Dieses wird ebenfalls in der so genannten ›Sattelzeit‹, im letzten Drittel des 18. Jahrhunderts, verabschiedet: mit der Ausdifferenzierung der Teilsysteme Kunst und Literatur, der Autonomisierung des Kunstwerks und der Hermeneutisierung der ästhetischen Erfahrung als eines unendlich vieldeutigen und geschichtsphilosophisch unabgeschlossenen Umgangs mit der Kunst. Das poststrukturalistische Verfahren, rhetorische Figuren und Argumentationsstrukturen vor allem zu einer antihermeneutischen Interpretationskritik zu nutzen,[7] insbesondere aber die präzisierende rhetorikgeschichtliche Aufarbeitung und Systematisierung[8] haben die Beschäftigung mit der Rhetorik, ihren Verfahren, Legitimationskonzepten und Wirkungsstrategien in einer überaus produktiven Weise sowohl in die speziellere literaturtheoretische als auch in die allgemeine kulturwissenschaftliche Diskussion eingebracht.

Trotz dieser Aktualität von Ethik und Rhetorik bedarf es für die komplexen und fiktional ausgefeilten Erzählkunstwerke Uwe Johnsons noch einer weiteren Begründung, bei ihm nach Ethik, Rhetorik und dem Verhältnis dieser beiden Konzepte zu fragen. Man könnte ja einwenden, dass sich Johnsons Erzählkunst doch wohl eher der modernen Ausdifferenzierung, Autonomisierung und Fik-

4 Die Frage hat zuletzt grundsätzlicher in den Blick genommen: Susanne Kaul: Poetik der Gerechtigkeit, München 2008.

5 Siehe z. B.: Wolfgang Braungart, Gotthard Fuchs, Manfred Koch (Hg.): Ästhetische und religiöse Erfahrungen der Jahrhundertwenden, Bde. I–III, Paderborn u. a. 1997–2000.

6 Zu einer grundlegenden Bestimmung siehe: Mathias Mayer: Literaturwissenschaft und Ethik, in: Hans Vilmar Geppert, Hubert Zapf (Hg.): Theorien der Literatur. Grundlagen und Perspektiven, Bd. 2, Tübingen 2005, S. 5–20. Vgl. auch die Beiträge in: Christine Lubkoll, Oda Wischmeyer (Hg.): ›Ethical Turn‹? Geisteswissenschaften in neuer Verantwortung, München 2009, und Claudia Öhlschläger (Hg.): Narration und Ethik, München 2009.

7 Paradigmatisch findet sich dies bei: Paul de Man: Allegorien des Lesens, Frankfurt am Main 1988; Ähnliches bietet auch: Bettine Menke: Prosopopoiia. Stimme und Text bei Brentano, Hoffmann, Kleist und Kafka, München 2000.

8 Zu nennen ist hier das Großprojekt von: Gert Ueding (Hg.): Historisches Wörterbuch der Rhetorik, Tübingen 1992ff. Siehe auch: Dietmar Till: Transformationen der Rhetorik. Untersuchungen zum Wandel der Rhetoriktheorie im 17. und 18. Jahrhundert, Tübingen 2004.

tionalisierung zu verdanken scheint, die sich in der Abwendung der Ästhetik von der Ethik konstituierten. Auch die Rhetorik, in deren systematischem Zentrum als archimedischer Punkt der ›vir bonus‹ Ciceros und Quintilians, der gute Mensch, Politiker und Redner, steht, scheint eher mit einem Erzählkonzept verwandt, das auktorial personalisiert oder zumindest doch stark steuernd das Wissen erzählt, und nicht mit Johnsons polyperspektivischem, medial gebundenem Erzählen in auch divergierenden Stimmen.[9]

Wenn der Rhetor und ›vir bonus‹ als glaubwürdig gilt, so kann er mit seiner Redekunst die politische oder die Gerichts-Öffentlichkeit überzeugen. Der ›vir bonus‹ ist sowohl rhetorisch als auch ethisch gerechtfertigt. Weil er moralisch integer ist, kann er rhetorisch überzeugen. Ethisch bedeutsam wird der Redner bzw. ›vir bonus‹ insbesondere in der Philosophie Ciceros in der Verpflichtung auf das Gemeinwohl der ›res publica‹. Glaubwürdigkeit und gesellschaftliche Relevanz gewinnt der Redner dadurch, dass er seine Position als öffentliche, d. h. als öffentlich wahrgenommene und verantwortliche Position reflektiert und ausgestaltet.

Öffentlichkeit und Glaubwürdigkeit in diesem rhetorischen Verständnis können nun aber durchaus auch als Bedingungen und Kriterien für die Literatur im Allgemeinen gelten – und gerade für Uwe Johnson im Besonderen. Öffentlichkeit und Glaubwürdigkeit stehen in Zusammenhang mit der ganz grundlegenden Annahme, dass Literatur immer eine Wirkungsdimension und einen sozialen Ort hat, sich erst in ihrer Rezeption ganz erfüllt und erschließt, und dass dies mit und seit der werkästhetischen und autonomieästhetischen Konzeption in der Moderne zu wenig berücksichtigt worden ist.[10]

Wie man an der Rhetorik auch sehen kann, sind aber nicht nur die Wirkungsdimension und der soziale Ort für Äußerungen charakteristisch. Das haben die linguistische Rhetorik und Pragmatik herausgearbeitet.[11] Mit der Rhetorik liegt vielmehr ein Textproduktionssystem vor, dessen immanente Dynamik auf die nachhaltige Veränderung von Einstellungen abzielt. Damit hat es nicht nur moralische, sondern auch soziale und politische Bedeutung. Denn es geht in diesem Sinn um Glaubwürdigkeit und Legitimität, weil Verantwort-

9 Vgl. dazu z. B.: Katja Leuchtenberger: »Wer erzählt, muss an alles denken«. Erzählstrukturen und Strategien der Leserlenkung in den frühen Romanen Uwe Johnsons, Göttingen 2003; Christian Elben: »Ausgeschriebene Schrift«. Uwe Johnsons *Jahrestage*: Erinnern und Erzählen im Zeichen des Traumas, Göttingen 2002; Lothar van Laak: Medien und Medialität des Epischen in Film und Literatur des 20. Jahrhunderts: Bertolt Brecht – Uwe Johnson – Lars von Trier, München 2009, S. 250ff.

10 Schiller hat die dafür entscheidende Wendung vollzogen, vom Theater als moralischer Anstalt zur ästhetischen Erziehung durch das freie Spiel der Einbildungskraft.

11 Ulla Fix, Andreas Gardt, Joachim Knape (Hg.): Rhetorik und Stilistik, 2 Bde., Berlin, New York 2008ff.

barkeit und deren Überprüfbarkeit im repräsentativen, öffentlichen Handeln im Mittelpunkt stehen.

Ein ganz zentraler Ansatzpunkt hierfür ist die rhetorische Topologie. Sie taucht nicht nur in der aktuellen geschichtswissenschaftlichen Debatte um die Erinnerungsorte auf.[12] Auch in der Forschung zu Uwe Johnson ist das Verhältnis von Erinnern, Gedächtnis und Erzählen eines der wichtigsten Betätigungsfelder in den letzten fünfzehn Jahren gewesen. Jede der größeren Studien reflektierte dies.[13] Dazu hat nicht zuletzt der ›cultural turn‹ beigetragen.[14] Nach dem ›cultural turn‹ nun also der ›ethical‹ und ›rhetorical turn‹? Und das auch noch und gerade bei Uwe Johnson?[15] Die Kategorien von Glaubwürdigkeit und von Öffentlichkeit, wie sie sich z. B. nach dem Konzept der Erinnerungsorte konkretisiert und stabilisiert, legen nahe, Rhetorik und Ethik nicht für sich zu betrachten, sondern in ihren Berührungspunkten und in ihrem Wechselspiel genauer zu untersuchen.

Glaubwürdigkeit impliziert im ethischen Sinn, ›etwas‹ und nicht bloß ›irgendetwas‹, in einem beliebigen Sinn und einem kontingent-zufälligen Medium, zu sagen zu haben; und das impliziert, im rhetorischen Sinn, die Autorität und Glaubwürdigkeit zu haben, genau dieses ›etwas‹ zum Ausdruck zu bringen. Im Unterschied zur Authentizität, die eher vom Subjekt her zu verstehen ist, weil sie Selbstidentität zum Ausdruck bringt,[16] resultiert Glaubwürdigkeit aus den objektiven Vorstellungen von Echtheit und Gültigkeit, von Verifizierbarkeit. Insofern liegt in dieser rhetorischen Perspektive eine über oder vor das Subjekt reichende Position. Sie lässt die Konstruktivität moderner Subjektivität deutlich werden und stellt sie so auch in Frage. Ethisch kommt dabei eine überindividuelle Dimension von Normativität ins Spiel. Nur weil der ›vir

12 Vgl. das in den 1980er Jahren entstandene Projekt von: Pierre Nora (Hg.): Erinnerungsorte Frankreichs, München 2005; Etienne François, Hagen Schulze (Hg.): Deutsche Erinnerungsorte, Bde. 1–3, München 2001.

13 Siehe u. a. Günter Butzer: Fehlende Trauer. Verfahren epischen Erinnerns in der deutschsprachigen Gegenwartsliteratur, München 1998; Thomas Schmidt: Der Kalender und die Folgen. Uwe Johnsons Roman *Jahrestage*. Ein Beitrag zum Problem des kollektiven Gedächtnisses, Göttingen 2000; Ulrich Krellner: »Was ich im Gedächtnis ertrage«. Untersuchungen zum Erinnerungskonzept von Uwe Johnsons Erzählwerk, Würzburg 2003.

14 Siehe zu der Problematik und der Abfolge der verschiedenen ›turns‹ in den Geisteswissenschaften: Doris Bachmann-Medick: Cultural turns. Neuorientierungen in den Kulturwissenschaften, 2. Aufl. Reinbek bei Hamburg 2007; und zu den Konsequenzen der ›cultural turns‹: Markus Fauser: Einführung in die Kulturwissenschaft. 4., durchges. und aktualisierte Aufl. Darmstadt 2008.

15 Dass sich eine solche Wendung in *ethischer* Perspektive lohnen kann, macht eine in der Johnsonforschung bisher singulär gebliebene Studie deutlich: Hille Haker: Moralische Identität. Literarische Lebensgeschichten als Medium ethischer Reflexion. Mit einer Interpretation der *Jahrestage* von Uwe Johnson, Tübingen, Basel 1999. Moralische Identität fasst sie mit Paul Ricœur als narrative Identität.

16 Jutta Schlich: Literarische Authentizität. Prinzip und Geschichte, Tübingen 2002.

bonus‹ diese Normativität gültig repräsentiert, ist er dem Verdacht enthoben, ›bloße Rhetorik‹ zu betreiben. Glaubwürdigkeit und rhetorische Strategie hängen für den ›guten‹ Rhetor somit ganz unweigerlich zusammen. Diese Verbindung ist mit der Aufwertung des Konzepts der Authentizität seit der Empfindsamkeit lockerer geworden und im ästhetisch inszenierten Misstrauen gegenüber der Rhetorik getrennt worden.

Weitere gravierende Spannungen zwischen Ethik und Rhetorik treten in den Blick, wenn man von einer *autonomieästhetisch verstandenen* Perspektive der Fiktionalisierung auf die Ethik und Rhetorik des Erzählens blickt. Dann hat man sich, so scheint es, im Extremfall, entweder ganz vom Anspruch auf Glaubwürdigkeit gelöst[17] oder die Fiktionalität als dessen Ersatz akzeptiert.[18] Gut ist es dann erfunden und als Erfundenes an sich schon gut. Es gibt aber gute Gründe dafür, den existenziellen, anthropologischen Wert der Fiktionalität nicht so skeptisch und prinzipiell in Abrede stellen. Fiktionalität ist nicht ausschließlich in einer autonomieästhetischen Perspektive zu sehen, wie ältere Fiktionsformen ja auch verdeutlichen können. Fiktionalität ist auch nicht prinzipiell unvereinbar mit öffentlich inszenierter Glaubwürdigkeit und dadurch erzeugter Legitimität. Genau dies machen die Praktiken, Verfahren und Wirkungen der Erinnerungsorte klar, die einer rhetorischen Topologie entspringen bzw. zumindest entsprechen.

Dass Glaubwürdigkeit bzw. auch Authentizität, öffentliche Repräsentation bzw. Repräsentativität und Fiktionalisierung sich im Erzählen Uwe Johnsons produktiv aufeinander beziehen lassen, soll im Folgenden an Johnsons *Skizze eines Verunglückten* von 1981 plausibel gemacht werden. An ihr zeigt sich deutlich, wie Ethik und Erzählrhetorik zusammenspielen, in Spannung zueinander treten und auch wieder auseinander laufen können. An Johnsons Erzählen, so will ich deutlich machen, vollzieht sich dabei eine Rhetorisierung der Fiktion. Das geht aber über Wayne C. Booths »Rhetoric of Fiction« hinaus,[19] insofern es bei Johnson immer auch um die Verantwortbarkeit von Fiktion geht. Fiktionalisierung und Authentizität schließen sich bei ihm gerade nicht aus. Max Frisch, auf den abschließend ein vergleichender Blick geworfen werden soll, bildet dazu eine markant andere Position, mit der Johnson sich in der *Skizze eines Verunglückten* ganz bewusst und explizit auseinander setzt.

17 Dieser Zusammenhang betrifft auch das narratologisch wichtige Problem des unzuverlässigen Erzählers. Vgl. dazu: Tom Kindt: Unzuverlässiges Erzählen und literarische Moderne. Eine Untersuchung der Romane von Ernst Weiß, Tübingen 2008.

18 Die anthropologischen Dimensionen der (literarischen) Fiktion zeigt: Wolfgang Iser: Das Fiktive und das Imaginäre. Perspektiven literarischer Anthropologie, Frankfurt am Main 1993.

19 Wayne C. Booth: The Rhetoric of Fiction, Chicago 1961.

2. Ethik und Erzählrhetorik in Uwe Johnsons *Skizze eines Verunglückten*

Johnsons *Skizze eines Verunglückten* ist bisher kontrovers vor allem im Blick auf ihren realen Gehalt diskutiert worden – wie sehr und mit welchen Prämissen, biografischen Selbstdeutungen und poetologischen Begründungen Johnson das Zerbrechen seiner Ehe beschreibt und reflektiert. Insofern ging es der literaturwissenschaftlichen Forschung an diesem Beispiel in der Tat eher um das, was Haker in *ethischer* Perspektive als »moralische Identität« bzw. Nicht-Identität dieses ›Verunglückten‹ bestimmen würde. Die *ästhetischen* Verfahren dieser ›Skizze‹ wurden bisher nur in Einzelaspekten in den Blick genommen.[20] Das prinzipielle Verhältnis von ethischen, rhetorischen und ästhetischen Aspekten spielte bisher noch keine Rolle. Dies soll im Folgenden genauer untersucht werden. Dass sich ethische und ästhetisch-rhetorische Perspektive verbinden lassen, liegt in einem anderen Zusammenhang begründet, dem der Wirklichkeitsreferenz des Realismus. Oder, in einer literaturanthropologischen Sicht, in der ethischen Dimension unserer fiktionalen Tätigkeit. Dabei von ›Erzählrhetorik‹, als einer Spezifizierung sowohl des Narrativen wie des Rhetorischen, zu sprechen, impliziert immer die ethische Dimension des Fingierens als des Suchens unseres Orts in der kulturell und sozial zeichenhaften Welt.

Genauer betrachtet handelt es sich ja bei der *Skizze* um einen genuin rhetorischen Text. Es ist eine Verteidigungsschrift von Joe Hinterhand, der im Zitat eines kurzen Johnson-Textes von 1971 vorgestellt und dann in zwölf knappen Passagen, überwiegend in indirekter Rede, referiert wird. Insofern Hinterhand »die folgenden Berichtigungen, Ausführungen, Auskünfte und Nachträge«[21] vor seinem Ableben noch »gestattete«, ist es – trotz der indirekten Rede, die ja Distanz und Nichtübereinstimmung anzeigen kann – auch nicht nur eine Verteidigungsschrift *für*, sondern auch *des* Joe Hinterhand. In ihrer medialen Di-

20 So in: Peter von Matt: Liebesverrat. Die Treulosen in der Literatur, München u. a. 1989; Greg Bond: German History and German Identity: Uwe Johnson's *Jahrestage*, Amsterdam u. a. 1993; in Norbert Mecklenburgs Überlegungen zum intertextuellen Versteckspiel der *Skizze* (Die Erzählkunst Uwe Johnsons, Frankfurt am Main 1997) und umfassender in: Ulrich Fries: How bizarre: *Skizze* revisited, in: Johnson-Jahrbuch 5 (1998), S. 167–202. Fries setzt sich ausführlicher mit den Positionen Bonds und Mecklenburgs auseinander (S. 185ff.). Die Studie von Corinna Bürgerhausen: Variante des verfehlten Lebens. Uwe Johnsons *Skizze eines Verunglückten*, Frankfurt am Main u. a. 1999, geht wieder stärker in eine autobiografische Deutungsrichtung. Zuletzt hat sich unter gattungstheoretischen Aspekten und mit dem Vexierspiel der Namen in der *Skizze* befasst: Dirk Oschmann: Die »Berichtigungen« des Dr. Hinterhand. Über die poetologische Dimension von Uwe Johnsons *Skizze eines Verunglückten*, in: Johnson-Jahrbuch 9 (2002), S. 317–345.

21 Uwe Johnson: *Skizze eines Verunglückten*, Frankfurt am Main 1982, S. 9. Alle weiteren Zitate im Text mit Seitenangabe.

mension verstanden, ist die autorisierte, indirekte Rede als echt und verbürgt ausgewiesen. Das Zitat generiert Glaubwürdigkeit, zumindest aber Legitimität und Autorisierung des Gesagten. Es ist als seine Verteidigung, als Erklärung von ihm und dadurch auch seiner selbst, aufzufassen. Die in indirekter Rede verfasste Verteidigungsschrift der *Skizze* erzeugt biografische Relevanz. Mit ihr wird die fiktionale Passage, die selbst wiederum als »Skizze« (12) bezeichnet wird, relativiert und eingeordnet.[22] Biografische Relevanz erzeugt die *Skizze* für die Figur Joe Hinterhand, nicht aber für den Autor Johnson. Der allerdings unterläuft oder durchkreuzt eine zu schematisch strenge Trennung zwischen Autor- und Figurenrede. Der Verfasser der Verteidigungsschrift und der Autor des Buches der *Skizze* sind in einer vergleichbaren Weise identifizierbar wie der Redner und der argumentative Sprecher in der Rede. Und die in der Rede bzw. Verteidigungsschrift präsentierte Figur nähert sich durch Beglaubigungsstrategien einer Verfasser- oder Autorschaftsposition an. Er *nähert* sich ihr an, als performative Konzeption von Autorschaft, er *ist* gleichwohl nicht der Autor.[23] Wie gestaltet der Text diesen Prozess?

Eingelassen in die zwölf Passagen indirekter Rede sind zehn Zitate aus der Literatur, die sich dem Thema Liebe, Ehe, Partnerschaft widmen und von Plato bis Bloch, von Tschechow über Gorki, Kaschnitz bis Max Frisch reichen. Sie sind wie das Eingangszitat im Indikativ formuliert. Indikativisch sind des Weiteren noch neun Passagen, bei denen es sich um zitierte direkte Rede handelt. Sie wird durch Spiegelstriche am Beginn der Zitatabsätze markiert. Es sind Zitate Joe Hinterhands aus dem Gespräch, das der Verfasser der Verteidigungsschrift augenscheinlich mit ihm geführt hat, wobei das erste Zitat selbst wiederum in indirekter Rede formuliert ist und die Perspektiven Hinterhands und seines Gesprächspartners vermischt (14f.). Es heißt dort: »›Joachim de Catt‹, mir hätte der Name weiterhin eingeleuchtet, auch weil er einem niederdeutsch gebildeten Leser das Betragen einer Katze ankündigte. Aber Katzen sind begabt, das zu versprechen stand einem Autor schlecht an.« (14f.)

Das zweite Zitat zitiert Hinterhands Frau, ihre Einstellungen referierend. Die restlichen sieben finden sich alle im 9. Abschnitt der *Skizze* und sind Hinterhands indikativisch formulierte Beschreibungen von Fotografien, insbesondere Mrs. Hinterhands. Die Fotografien und direkten Zitate Hinterhands liegen damit auf der gleichen Zitat- bzw. Glaubwürdigkeitsebene: Es handelt sich

22 Siehe zur ›Skizze‹ als Gattungszuweisung für den Text: Oschmann (Anm. 20), S. 326. Der Hinweis auf die kunsthistorische Gattung der Skizze findet sich auch schon bei Fries (Anm. 20), S. 179.

23 Siehe zu diesem Problemfeld: Heinrich Detering (Hg.): Autorschaft. Positionen und Revisionen, Stuttgart, Weimar 2002; Fotis Jannidis, Gerhard Lauer, Matias Martinez, Simone Winko (Hg.): Texte zur Theorie der Autorschaft, Stuttgart 2003, darin insbesondere die Einleitung der Herausgeber.

hierbei um »Eideshelfer« (71). Sprachlich komplizieren sie die Textstruktur zwar, rhetorisch gesehen ist aber klar, dass sie die Funktion haben, die Glaubwürdigkeit zu erhöhen. Es ist die rhetorische Beweisführung der ›evidentia‹, der ›demonstratio ad oculos‹.[24] Ihre Konkretheit und Multiperspektivität sind nicht Fiktionalisierung und Kritik, sondern Intensivierung und Verdeutlichung des dargestellten Sachverhalts, und dies aus verschiedenen Blickwinkeln.

Die Zitation des Joe Hinterhand in der indirekten Rede durch den Verfasser (Zitation 1) und diejenige in Hinterhands intradiegetischen Zitationen (Zitation 2) werden dabei in einer gleichwertigen Weise ausgerichtet. Beide sollen die Authentizität und Richtigkeit der Position verstärken. Noch einzubeziehen ist dann das vorangestellte Zitat über die Figur Hinterhand. Der Bezug der Verteidigungsschrift auf den Intertext bzw. Praetext Johnsons hat expliziten Zitatcharakter (Zitation 0), wobei noch genauer zu bestimmen bleibt, wie Intertextualität und Zitat sich aufeinander beziehen lassen.[25] Außer dem vorangestellten Text, der ebenso wie der Titel paratextuellen Charakter hat, sind schließlich noch die »Nachträge« zu nennen, die drei der zwölf Passagen abschließen. Diese relativieren als »Berichtigungen« die »Ausführungen« Hinterhands bis zu einem gewissen Grad. Sie tun dies allerdings anders als der vorangestellte fiktionale (und Hinterhands Ausführungen fiktionalisierende) Text Johnsons. Wenn man diesen als Zitation 0 und Paratext bestimmt, haben diese berichtigenden Nachträge den Charakter einer Zitation 0' und eines Epitexts, wenn man das diegetische Verhältnis von der Ebene des Autors her perspektiviert. Von Hinterhands Perspektive her bzw. der seines Verteidigers lässt sich hingegen von einer Zitation 1' sprechen, weil das Zitierte zusätzlich als solches markiert und zum Teil zurückgenommen, aber nicht völlig de-legitimiert wird.[26]

Diese ganzen erzählanalytischen Details der heterodiegetischen Einordnungen relativieren sich aber ganz entscheidend, wenn man sie auf den sozialen Ort ihrer Äußerung bezieht. Denn mit dem Bild des Redners als ›archimedischem Punkt‹ der Rhetorik werden erstens diese Differenzen wieder eingezogen als einzelne Gesten und Momente der vorgetragenen Verteidigungsrede. Die Rede hat ja immer die Lizenzen des Mündlichen, nachzutragen und zurückzunehmen und im Vollzug zu präzisieren. Zudem wird zweitens diese Qualität des ›allmählichen Verfertigens‹ von Johnsons Gattungs- und Medienzuweisung an

24 Art. ›Evidenz/Evidentia‹, in: Gert Ueding (Hg.): Historisches Wörterbuch der Rhetorik, Bd. 3, Tübingen 1996, Sp. 33–47.

25 Vgl. Mathias Mayer, Joachim Jacob (Hg.): Im Namen des anderen. Die Ethik des Zitierens, München 2010. Siehe für Johnson auch: Holger Helbig: Vom Material zum Roman. Zitieren und Erzählen in Uwe Johnsons Roman *Jahrestage*, in: Text + Kritik 65/66: Uwe Johnson, 2. Aufl.: Neufassung, München 2001, S. 149–169.

26 Die Perspektiven von Hinterhand und vom Verfasser/Berichterstatter bzw. dem Autor treffen sich also nicht und kommen auch nicht vollständig überein.

den Text als »Skizze« bzw. verdoppelte und in der Verdopplung korrigierte Skizze noch unterstützt und bestärkt. Auch hier dürfen Linienführungen später noch differenziert werden und sie dürfen unvollständig sein. Das Unausgeführte und Vorläufige gilt bei der Skizze eher als Potenzial denn als Lücke.[27]

All diese Einzelheiten der bisherigen Textbeschreibung lassen sich so bündeln: Johnsons Text ist das Dokument eines inszenierten Gattungs-, Genre- und Medienwechsels bzw. einer gezielten Medienverdopplung. Die *Skizze* ist ein intertextuell angelegter, dadurch vielstimmiger bzw. multiperspektivischer, dazu mit wechselnder Stimme vorgetragener Verteidigungsmonolog, der verschiedene Textzeugen und Zitate, »Eideshelfer«, zur Konstitution einer Rechtfertigung Hinterhands heranzieht.[28] Diese Rechtfertigung wird durch ihre performative Organisation aufgebaut. Im Vollzug der Rede gewinnt Hinterhand Authentizität und damit die Möglichkeit und Berechtigung, ›etwas‹ und nicht ›irgendetwas‹ zum Ausdruck zu bringen. Sein Medium ist nicht beliebig, nicht kontingent-zufällig, es ist in der Tat die Skizze seiner Verteidigungslinie. Diese ›Skizze‹ kann nur erzählerisch vermittelt werden, wie die Skepsis gegenüber den Fotografien zeigt.[29]

Die Verteidigung wird schließlich beglaubigt durch Hinterhands Selbst-Verurteilung zu seiner »eigene[n] Todesstrafe [...], abzuleisten durch Ableben« (76). Mit seinem Leben und seiner Selbst-Verurteilung beglaubigt Hinterhand seine Lebens-Geschichte. Seine Schuld »bereinigt« und seine Schuld-Gefühle therapiert er durch das wiederholte, fast rituelle Anschauen der Diapositive, wie sie der 9. Abschnitt zeigt. Der kathartische Charakter wird deutlich:

Ein Purgatorium für eine einzelne Person? Er ziehe es vor, sich das Wort zu übersetzen als eine Reinigungsanstalt, als dry cleaning. Anfangs habe er einen vollständigen Durchlauf der Bilder bis zu fünf Malen im Jahr benötigt.

Das Fotografieren habe er nach 1947 zu keiner Zeit wieder aufgenommen. (64f.)

Die Verteidigungslinie wird also unterstützt durch Hinterhands Strategien der Fiktionalisierung. Fiktionalität fungiert als Ersatz des Authentischen. Dies ist aber noch zu präzisieren. Denn diese Ersetzung ist weder Supplement noch Surrogat. Vielmehr wird deutlich, dass Glaubwürdigkeit sich in der Fiktionali-

27 So auch Oschmann (Anm. 20), S. 324f.

28 Der »Eideshelfer« oder »Eidhelfer« ist eine Einrichtung des mittelalterlichen, nicht des römischen Rechts und nicht mit dem Zeugen zu verwechseln. Während der Zeuge als Beweismittel zu sehen ist, ist der Eideshelfer jemand, der eine Aussage bekräftigt, indem er den guten Ruf des Beklagten bestätigt. In diesem Sinn sind die Zitate auch keine Zeugen für die korrekte Darstellung der Tatsachen durch Hinterhand, sondern sie sollen Bekräftigungen seines Leumunds sein.

29 Die Bilder zeigen Hinterhands Frau in einer Weise, die er selbst nicht mehr als echt zu glauben vermag, denn »heute kann Joe Hinterhand denken, was sie arrangiert hat« (61).

tät, genauer: aus der Rhetorisierung der Fiktion, erst ergibt und in ihr sozusagen zu sich selbst gelangen kann. Hille Haker hat, ausgehend von Paul Ricœur, dieses Problem so umrissen:

Die (literarische) narrative Identität leistet nun zweierlei: einerseits kann sie Dimensionen der individuellen Existenz thematisieren, die jenseits der Literatur kaum artikulierbar erscheinen, wie etwa die Phase des Lebensbeginns, die der Erinnerung unzugänglich ist, und die Erfahrung des Todes, und dadurch eine formale *Einheit* der Identität konstituieren, die der immer vorläufigen Erzählung der existentiellen Lebensgeschichte verwehrt ist; zum anderen aber korrespondiert sie mit dem Anliegen einer jeden Existenz, eine kontinuierliche Identität zu entwickeln bzw. zu bewahren.[30]

Haker sieht dann zudem eine grundsätzliche Spannung darin, dass diese Einheit stiftende Erzählpraxis mit den fiktionalen Praktiken des Erzählers in Widerstreit treten, der Erzähler die Einheit verstören kann. So heißt es weiter:

Die Aufhebung der Authentizität des Erlebten wird vom Künstler gerade nicht als Begrenzung erfahren, sondern ist Kern seiner Gestaltungsfreiheit. Aufgrund dieser Freiheit kann die Literatur, die fiktive Geschichte, zum Medium und zu einem Modell ethischer Erfahrung wie Reflexion werden.[31]

Die Spannung zwischen narrativer Identität und Authentizität einerseits und der ästhetischen Gestaltungsfreiheit in der erzählerischen Fiktion andererseits erscheint bei Haker als Spannung zwischen moralischer Selbstvergewisserung und ethischer Reflexion im Ausgang vom ästhetischen Modell. Haker sieht in dieser Verstörung durch die Fiktionalität den Ansatzpunkt für die ethische Reflexion, die das literarische Modell auslöse. »Moralische Identität« gewinne man dann dadurch, dass man diese Verstörung erfährt und reflektierend verarbeitet, sinnhaft re-integriert – und so die Erfahrung des Authentischen wiedergewinnt und sich bestätigt. Dies aber ist in der Tat eher die *ethische* Lesart, die das ästhetische Moment moralisch funktionalisiert.

In *ästhetischer* Perspektive stellen sich die Fragen nach der Ethik und der Rhetorik der Medienvielfalt und des Medienwechsels, den Verhältnissen von Strategie, Authentizität und Fiktionalität anders: Die *Skizze eines Verunglückten* ist dabei eher ein Dokument der Selbst-Fiktionalisierung als der moralischen Identitätsbildung. Im Gegenteil, die Einheit der Figur lässt sich nicht mehr

30 Haker (Anm. 15), S. 166.
31 Ebd.

realisieren und statt der Existenz gibt es nur mehr kathartische Selbst-Therapie und ›Ableben der Zeit‹.

Die ethische Reflexion fällt in dieser ästhetischen Perspektive deshalb nun aber gerade nicht aus: Denn die Rhetorik dieser erzählerisch praktizierten Ethik erhält eine neue Bedeutung dadurch, dass das vorgeführte fiktionale Modell in seinen Medialitäts- und Präsentationsstrategien dargestellt wird. Die Rhetorik der Rechtfertigung wird mit gezeigt und so ergibt sich kein negativer bzw. negativitätsästhetischer Subjektivismus, sondern ein doppelter Realismus, der nicht nur den Fall des Joe Hinterhand erzählt, sondern ihn auch auf sein implizites Bild von Wirklichkeit bezieht. Die persönliche Realität der Figur und die Bedingungen der Möglichkeit ihrer Realität werden beide dargestellt durch den spezifischen Erzählmodus dieses Textes, den Johnson Brecht abgelernt hat.[32]

Das Realismusproblem sowie der Stellenwert und der Charakter der Fiktion sind die zentralen Probleme der Konzeption von Autorschaft bei Johnson, dessen Stellung zu seinen Texten, wie er sie nicht zuletzt in den *Begleitumständen* einnimmt, in den jüngsten Arbeiten der Johnsonforschung stärker problematisiert worden ist.[33] Denn diese Konzeption von Autorschaft versteht sich nicht nur nicht von selbst, die Fiktion hat bei ihm auch eine neue Wertigkeit, die systematisch noch nicht genau herausgearbeitet worden ist. In seiner Konzeption von Fiktionalität liegt eine soziale und ethische Dimension des Erzählens. Sie ergibt sich als Antwort auf die folgenden Fragen: Wovon ist man nach der Lektüre von Hinterhands Verteidigung tatsächlich überzeugt? Kann man seine Position verstehen und akzeptieren? Ist man damit ihm gerecht geworden, kann und will man es; und kann und will man es gemäß der Art, wie er dargestellt worden ist? Kann und will man sein Urteil und seine Selbstverurteilung nachvollziehen? Man kommt damit aus der Dichotomie von autobiografischer und ästhetisch-poetologischer Lesart heraus, ohne zu vereinseitigen oder zu entkomplizieren. Authentizität und Fiktionalisierung spielen dabei zusammen. Und dieses Zusammenspiel zwischen einer sozialen, politischen und einer ästhetischen Dimension lässt sich von seiner rhetorischen Qualität klarer bestimmen.

Dies zeigt sich nicht zuletzt an einem Punkt, auf den sich der Blick zu richten lohnt: Bei Hinterhands Verteidigungsschrift, die ihn so authentisch legitimiert, wie problematisch hervortreten lässt (als ein doppelt verurteilter Mörder aus Eifersucht, aber – wenn ihn das rettet – mit Motiven aus der Weltliteratur), bei diesem fiktiven Verteidigungsmonolog handelt es sich ja auch um einen Gelegenheitstext, eine Kasual-Erzählung auf Max Frischs 70. Geburtstag. Und mit

---

32 Vgl. zum Aufgreifen und zur Weiterentwicklung dieses epischen Erzählverfahrens die Überlegungen in: van Laak (Anm. 9), S. 275ff.

33 So insbesondere bei Krellner (Anm. 13), und bei Leuchtenberger (Anm. 9).

Frischs Erzählen, das – »ich bin nicht Stiller«[34] – von einer stark autonomieästhetischen Strategie der Fiktionalisierung im engeren Sinn geprägt scheint, tritt Johnsons *Skizze* in einen intertextuellen Disput.[35] Dieser wird als argumentativer Schlusspunkt, als letztlich entscheidendes Argument der *Skizze* gesetzt, an das Ende des vorletzten Abschnitts, vor die Conclusio.

Er halte sich an einen Befund, den MAX FRISCH vor elf Jahren veröffentlicht habe: es sei nicht die Zeit für Ich-Geschichten. Auch er habe einmal sich bemüht, einzelne Personen nur zu zeigen in ihrem Zusammenhang mit mehreren, in der Einrichtung der Gesellschaft, und sei Geschichten aus dem Wege gegangen, wenn sie ihm befangen schienen in nur einem Menschen, oder zweien, müßig, unverantwortlich, unstatthaft. Und doch, so die Antithese, vollziehe das menschliche Leben sich am einzelnen Ich, oder verfehle sich daran. Nirgends sonst.

Demnach sei er eine von den verfehlten Varianten, eine von den verunglückten. (74f.)

Hinterhands Lebensgeschichte stellt die Antithese zu Frischs Position in den Raum.[36] In diesem Disput wird der Mörder, an dem sich »das menschliche Leben vollzieht«, zum Advocatus Diaboli. Am einzelnen Ich, so die »Antithese«, zeige sich die Verfehlung des Lebens.

Im moralischen Sinne wird damit nicht die Verfehlung des einzelnen Ich mit seiner mörderischen Tat perspektiviert. Vielmehr ist es nur die Bedingung der Möglichkeit dafür, dass der Lebensprozess an ihm Verfehlung statuiert. Die Verantwortlichkeit wird so umgekehrt. Insofern ist die Rede tropologische Rede, umwendendes Argument; aber doch auch realistische Darstellung, weil das Individuum als ›Ensemble seiner gesellschaftlichen Verhältnisse‹ vorgeführt wird. In seinem Scheitern zeigt sich Hinterhands Verfehlung des Lebens, »dass man ihm [als] ein richtiges Leben vorgespielt habe inmitten eines falschen« (66),[37] als Kranksein »vornehmlich an einer Funktion des Gedächtnisses« (71f.).

Es ist also nicht zuletzt eine Krise seiner Topologie: Hinterhand hat keine Orte mehr, die nicht die Gefahr der Erinnerung bergen, einer Erinnerung, die sich permanent als »entwertet, vergiftet, verloren, und gegenwärtig ohne Ende«

34 Max Frisch: *Stiller*, Frankfurt am Main 1984 (1. Aufl. 1954).

35 Genauer zeigen dies: Fries (Anm. 20), S. 175–181, und Oschmann (Anm. 20). Beide sehen aber eine größere Nähe zur Literaturauffassung und den Texten Frischs. Mir scheint hingegen der soziale Zusammenhang der Gelegenheit, des Aushandelns und der Freundschaft wichtiger, die gleichwohl auch ästhetische Implikationen haben und ästhetische Möglichkeiten eröffnen.

36 Zum intertextuellen Bezug auf Frisch siehe: Fries (Anm. 20), S. 178–180, und Oschmann (Anm. 20), S. 318f. und 332f.

37 Damit wird auch Adorno mit seinen *Minima moralia* zum Eideshelfer (Theodor W. Adorno: *Minima moralia. Reflexionen aus dem beschädigten Leben*, Frankfurt am Main 1978).

(74) erweisen kann. Es ist der endlose Schrecken von ›realer Gegenwart‹ und die Zerstörung des Gedächtnisses durch das Trauma der Erinnerung.

Insofern ist der doppelte rhetorische Zugriff, erstens einer in objektivierte Distanz gerückten Verteidigungsrede und zweitens eines sich in den intertextuellen Disput begebenden Gelegenheitstextes, der Versuch, einen individuellen Ausweg aus der topologischen Zerstörung des Gedächtnisses und der Ortlosigkeit und Traumatisierung der Erinnerung zu skizzieren. So bedingen Ethik und Erzählrhetorik einander. Und sie realisieren dieses Bedingungsverhältnis in einem sozialen und politischen Sinne. Damit stellen sie die ästhetische Option eines ethischen Realismus dar. Ethisch heißt dabei nicht ›moralisch‹ im engeren Sinn einer guten Handlung oder Intention. Ethisch meint vielmehr die Reflexion von Verantwortung und Verantwortlichkeit. Und Realismus meint eine Referenz auf die Wirklichkeit, die deren öffentlichen und massenmedial geprägten Charakter anerkennt, mit darstellt und auf ihre öffentliche Glaubwürdigkeit und soziale Legitimität hin befragt, die die »Eideshelfer« auf ihre Glaubwürdigkeit überprüft, die den Wahrheit- und Realitätsgehalt der Medien in Zweifel zieht. Ein solcher ethischer Realismus, der die Glaubwürdigkeit und Authentizität der Fiktion der Öffentlichkeit zur (selbst)kritischen Auseinandersetzung übergibt, ist, wie man noch weiter zeigen könnte, für Johnsons gesamtes Erzählen konstitutiv und in ganz besonderer Weise charakteristisch.

Jasmin Weber

Hinter den Kulissen. Ein Briefwechsel der ambivalenten Gefühle. Zum Verhältnis von Uwe Johnson, Anna und Günter Grass

»Nobelpreis für Grass!« – das wäre die richtige Antwort gewesen, für die das Fernsehen Alice Schwarzer eine Million Euro bei *Wer wird Millionär* ausgezahlt hätte. Jedoch wusste die Publizistin zu ihrem eigenen Bedauern nicht, dass Günter Grass im Jahr 1999 der Literaturnobelpreis verliehen wurde. Grass hatte mit der begehrten Auszeichnung den Höhepunkt seiner Karriere erreicht, ein Ereignis, das sein Schriftstellerkollege und damaliger Nachbar Uwe Johnson – wenn auch nur spaßeshalber – bereits am 24. Oktober 1967 in einem Brief prophezeit hatte: »Wir blicken dem Oktober nächsten Jahres entgegen, und verlassen uns schon auf die Begehung von Lauras Verlobung, von Brunos Abitur, und auf die Nachfeier zum Preis Nobel.«[1]

Inwiefern Johnson tatsächlich annahm, dass Günter Grass einmal den Nobelpreis erhalten würde, darüber lässt sich nur spekulieren. Dem Briefwechsel der beiden zufolge wäre Johnsons Reaktion auf die Preisverleihung mit Sicherheit *interessant* gewesen – um das Mindeste zu sagen.

Offensichtliches und Verdächtiges

Wer einen Eindruck von Uwe Johnsons Leben und Charakter gewinnen möchte, wird im Briefwechsel mit Günter und Anna Grass fündig. Gerade die auf den ersten Blick unscheinbar wirkenden Aspekte der Korrespondenz sind oft aufschlussreich. Zuallererst ist in dieser Hinsicht freilich zu fragen, weshalb von einer Freundschaft, die ein Vierteljahrhundert lang bestand, nur 39 Briefe zeugen: Warum wurde der Briefwechsel von beiden Literaten abgebrochen, wenn

1 Uwe Johnson, Anna Grass, Günter Grass. Der Briefwechsel, hg. von Arno Barnert, Frankfurt am Main 2007, S. 109. Im Folgenden im Text zit. als UAG, Seite.

sie sich, ohne dass es Differenzen gab, doch lediglich über gemeinsame Arbeitsprojekte, Interessen und das Familienleben austauschten? Was also ist alles nicht zu lesen, bleibt unausgesprochen in diesen Briefen? Und welche Rolle spielte Anna Grass in der Doppelkorrespondenz? – Das sind nur erste Fragen; der Briefwechsel ist vielschichtig, er enthält mehr als nur eine Geschichte, die zwischen Aussprechen und Verschweigen changiert.

Begonnen hatte die nicht ganz einfache Freundschaft zwischen Grass und Johnson mit einer Begegnung auf der Frankfurter Buchmesse 1959. Treffen bei Tagungen der Gruppe 47 und diverse gemeinsame Lesungen führten zu einem intensiven Kontakt. Wie für Johnson typisch, wurde auch diese Freundschaft von Briefen begleitet. Sein erstes Schreiben an Günter Grass, das die Korrespondenz eröffnete, ist allerdings nicht erhalten. Somit beginnt der sonst vollständig überlieferte Briefwechsel mit dem von Grass verfassten Antwortbrief vom 17. Juni 1961. Er belegt, dass die beiden bereits sehr vertraut miteinander umgingen. Weil Johnson bei Treffen mit gemeinsamen Freunden und Bekannten nicht anwesend war, so berichtet Grass, habe man eine »Art Johnson-Gedenkstunde« (UAG, 9) abgehalten.[2]

Da war man schon zum persönlichen ›Du‹ übergegangen – eine Geste, zu der Johnson sich nur selten hinreißen ließ.

Mitte April 1964 zog das Ehepaar Günter und Anna Grass nach Berlin, in die Nachbarschaft der Johnsons. Das Haus in der Niedstraße 13 hatten sie auf Anraten Johnsons schon im Sommer des Vorjahres gekauft. Noch im gleichen Jahr schrieb Anna Grass erstmals an Uwe Johnson und zwei Jahre später waren auch sie in ihren Briefen beim vertrauten ›Du‹ angelangt. Die Nähe zwischen den beiden Familien wurde durch das nachbarschaftliche Zusammenleben, das zehn Jahre dauerte, begünstigt.[3]

Aber es war vorwiegend Anna Grass zu verdanken, dass sich aus der ursprünglichen Männerkorrespondenz ein eng verwobener Austausch zwischen allen Beteiligten entwickelte. Neben den Briefen zwischen Günter bzw. Anna Grass und Johnson gibt es Gemeinschaftsbriefe an das jeweilig andere Ehepaar. Günter Grass und Elisabeth Johnson haben sich allerdings nie geschrieben. Wenn man bedenkt, dass Johnson immer auch mit den Frauen seiner Freunde schriftlichen Kontakt pflegte – beispielsweise mit Dagrun Enzensberger, Ingeborg Bachmann oder Marianne Frisch –, so erscheint es auffällig, dass Elisabeth sich nie mit einem der befreundeten Männer schrieb. Wie sprechend ist das

2 Gemeint ist der Besuch von Manfred Bierwisch, Klaus Baumgärtner und Elisabeth Schmidt bei Günter Grass.

3 Vgl. UAG, 194–208.

Detail? Bernd Neumann zufolge soll Grass geäußert haben, Johnson sei sehr eifersüchtig gewesen.[4]

Sollte es Elisabeth ›nicht erlaubt‹ gewesen sein, sich mit einem der Freunde Johnsons zu schreiben, sollte sie in umsichtigem Einverständnis darauf verzichtet haben? Der Kontrast zur Familie Grass, die hier als gleichberechtigt sprechendes und schreibendes Paar erscheint, wirft jedenfalls Fragen auf.

Ein schleichendes Ende

Die Wege der beiden befreundeten Ehepaare begannen sich bereits 1969 langsam zu trennen, wie aus einem Brief von Günter Grass an die amerikanische Verlegerin Helen Wolff hervorgeht:

> Mit Uwe und Elisabeth ist es nun leider doch, wenn nicht zu einem Zerwürfnis, dann doch zu einer längeren Gesprächspause gekommen. Sosehr ich mich an Uwes anspruchsvolles Moralisieren gewöhnt hatte und sosehr ich während Jahren bemüht gewesen bin, selbst seiner verbissensten Beckmesserei ein Körnchen Komik abzugewinnen, seinen letzten, nun sehr persönlich werdenden Aufrechnungsstücken bin ich nicht mehr (oder zur Zeit nicht mehr) gewachsen. Ich hoffe, daß das Verhältnis zwischen Anna und den Johnsons davon ungetrübt bleibt. [...] Dieses ist wohl der Preis, den ich für meine politische Arbeit zahlen muß [...].[5]

Auch wenn Grass in dem Brief an Wolff beteuerte zu hoffen, die Beziehung von Anna zu den Johnsons möge unbelastet bleiben, so liegt doch die Vermutung nahe, dass Anna aus Solidarität mit ihrem Mann den Kontakt und die Briefkorrespondenz zu den Johnsons deutlich einschränkte. Einschränkte, aber nicht abbrach: Der Briefwechsel zwischen Anna Grass und Uwe Johnson endet erst 1972, als sich das Ehepaar Grass trennte.

1969 traf Grass bei einer Wählerinitiative in Erlangen auf die Architektin und Malerin Veronika Schröter, mit der er offiziell von 1973 bis 1976 zusammenlebte und die gemeinsame Tochter Helene aufzog.[6]

Als Grass Schröter kennenlernte, hatte er bereits genug von Johnsons »anspruchsvollem Moralisieren«. Er ertrug die Predigten Johnsons nicht mehr und Johnson predigte Moral nicht ausschließlich im Bereich des Politischen.

---

4 Vgl. Bernd Neumann: Uwe Johnson. Mit zwölf Porträts von Diether Ritzert. Studienausgabe, Hamburg 1994, S. 393.

5 Günter Grass, Helen Wolff. Briefe 1959–1994, hg. von Daniela Hermes, Göttingen 2003, S. 147.

6 Vgl. Volker Neuhaus: Schreiben gegen die verstreichende Zeit. Zu Leben und Werk von Günter Grass, München 1997, S. 123f.

Über die Wirkung von Grass' politischem Engagement auf sein Verhältnis zu ihm sagte Johnson in einem Gespräch mit Adalbert Wiemers: »Man ist nicht deshalb befreundet, weil man die gleiche politische Meinung vertritt. Über seine politische Betätigung habe ich oft mit Grass gesprochen, er ist da anderer Ansicht, aber das hat unserer Freundschaft keinen Abbruch getan.«[7]

Johnson war kein Befürworter des SPD-Wahlkampfs, in dem sich Grass besonders engagierte; aber er stand dessen politischen Aktivitäten auch nicht generell ablehnend gegenüber. Johnson unterstützte Grass bei dem Bibliotheksprojekt für die Bundeswehr, er stellte die Liste der Bücher für die von Grass gesponserten fünf Bibliotheken zusammen.[8] Auch Begegnungen mit Willy Brandt, die nur durch Grass zustande kamen, nahm Johnson dankbar wahr.[9]

Angesichts all dessen dürfte es unwahrscheinlich sein, dass Grass sich 1969 nur Johnsons politischem Moralisieren nicht mehr gewachsen fühlte. Es ist nicht auszuschließen, dass Johnson von der sich schon anbahnenden Beziehung zu Veronika Schröter wusste und dem Freund auch deshalb Vorhaltungen machte. Als Verfechter von Treue und Ehe hat er sich selbst später stilisiert; wie viel davon ist hier schon angelegt?

Was auch immer der Grund für den Abbruch des Briefwechsels zwischen Johnson und Grass war: Von 1969 bis 1973 herrschte ein briefliches Schweigen, das lediglich 1971 einmal unterbrochen wurde. Dieses Mal ist der politische Hintergrund eindeutig. Johnson beschuldigte Grass, er hätte ihn gegenüber den Verantwortlichen des Bayerischen Rundfunks als DDR-Autor bezeichnet. Mit solch einer Kategorisierung hatte Johnson generell Probleme, wie schon sein Verleger Siegfried Unseld hatte erfahren müssen.[10] In diese Schublade wollte Johnson nicht gesteckt werden – und wenn es jemand tat, der ihn so gut kannte wie Grass, dann fühlte er sich hintergangen.

Grass, der lediglich Johnsons Bücher empfohlen hatte, ließ sich die Anschuldigungen nicht gefallen. Er fühlte sich von Johnson ungerecht behandelt und teilte ihm das entsprechend emotionsgeladen mit:

Dein Misstrauen ehrt weder dich noch mich. Schon einmal haben dich Aussprüche über Dich, die ich getan haben soll, aber nicht getan habe, zu einem raschen und folgenreichen Urteil verführt; unsere Freundschaft scheiterte an mangelndem Ver-

7 Eberhard Fahlke (Hg.): »Ich überlege mir die Geschichte...«. Uwe Johnson im Gespräch, Frankfurt am Main 1988, S. 217f.

8 Vgl. UAG, 41, Anm. 1.

9 Vgl. Neumann (Anm. 4), S. 389.

10 Uwe Johnson – Siegfried Unseld. Der Briefwechsel, hg. von Eberhard Fahlke und Raimund Fellinger Frankfurt am Main 1999, S. 411, Anm. 1.

trauen. Dieser Verlust wird mich nicht hindern, weiterhin Dich in Deinen Büchern zu schätzen. (UAG, 141)

Johnson antwortete nur knapp, dass der Streit »nicht nur um ein Wort« (UAG, 142) ginge, und damit war das Thema für ihn erledigt.

1973 stimmten sich die beiden brieflich ab bezüglich einer Erklärung zum Nahostkonflikt. Sie traten gemeinsam bei Lesungen auf, sie waren gut sichtbare Gestalten des deutschen Literaturbetriebs – aber schriftlich hatten sie sich nichts mehr zu sagen. 1977 versuchte Grass sich Johnson wieder anzunähern und schickte ihm deshalb ein mit Widmung versehenes Exemplar des *Butt*. Die Widmung, gleichberechtigt unter die Briefe eingeordnet, erklärt auf doppelte Weise, weshalb keine Briefe mehr gewechselt wurden: »Für Uwe / nach beinahe / wieder üblichem / Sonntagsfrühstück / von Günter.« (UAG, 148) Bei den beinah wieder üblichen Gelegenheiten konnte man sich sagen, was man sich zu sagen hatte. Grass lud die Johnsons zu seinem 50. Geburtstag ein. Laut Bernd Neumann kamen sie dieser Einladung nach.[11] Es folgten Geburtstagsgrüße, Glückwünsche zu Preisen und Büchern. Für Briefe reichte der Stoff nicht aus.

Der nächste wurde 1982 geschrieben. Er ist eine Seite lang und lässt sich durchaus lesen als ein Vertrauensbeweis. Am 21. November 1982 schickt Johnson dem Ehepaar Günter und Ute Grass ein Kapitel seiner *Jahrestage*.[12] Johnson gab ungern und selten Informationen über seine Werke preis, solange er noch an ihnen arbeitete.

Man verlor sich nicht aus den Augen – das könnte ein wohlwollendes Fazit sein: Der Briefwechsel endet mit einer Postkarte, die Johnson etwa einen Monat vor seinem Tod im Jahr 1984 an Grass schickte. Er gratuliert zum Erscheinen der polnischen Übersetzung der *Blechtrommel*.

Von Verborgenem und Nichtgesagtem

Lediglich 39 Briefe tauschten die beiden Literaten innerhalb von 25 Jahren miteinander. Das ist für den sonst eifrigen Briefeschreiber Johnson wenig. Die geringe Zahl lässt sich allerdings nicht nur auf die langen Schreibpausen zurückführen, sondern erklärt sich durch die Tatsache, dass Johnson und Grass private Treffen und Gespräche von Angesicht zu Angesicht bevorzugten. Kneipengespräche in den 1960er und gelegentlich auch noch in den 1970er Jahren

11 Vgl. Neumann (Anm. 4), S. 395.

12 Es lohnte genauer nachzusehen, um welches Kapitel es sich handelte und warum es ausgerechnet dieses war, wie überhaupt eine Analyse des Briefwechsels unter strengen literaturwissenschaftlichen Aspekten von Interesse wäre. Dem werde ich im Rahmen meiner Dissertation ausführlicher nachgehen.

waren für beide bereichernde und fruchtbare Zusammenkünfte. Dabei wurde vor allem über schriftstellerische, handwerkliche Fragen gesprochen.[13] Mit Sicherheit fiel auch das eine oder andere private Wort, jedoch hat sich keiner der Autoren näher dazu geäußert. Das Privatleben ist eine Grauzone.

Das entspricht dem Bild, das man sich anhand des Briefwechsels machen kann: Auch die Briefe handeln oft vom Werk, von der Arbeit, wobei die internationale Zeitung »Gulliver« durch den organisatorischen Aufwand, der mit ihr verbunden war, viel Raum einnimmt.

In den ersten Jahren schilderte Grass noch – im Gegensatz zu dem verschwiegenen Johnson –, wie er mit seinen Arbeiten vorankommt, welches Werk er gerade beendet oder soeben begonnen hat. Sogar seinen literarischen Durchhänger verheimlichte er nicht:

> [...] versuchte ich etwas hierüber und darüber zu schreiben; aber nichts hielt stand, weil ich mit einem Wort, leergeschrieben bin. Du wirst jetzt bei mir »Stimmungen«, womöglich »Launen« vermuten; tatsächlich finde ich mich wehleidig wie eine Diva, die just die Bayreuther Festspiele hinter sich hat. Nur mit Mühe kann ich mich zum täglichen Korrekturlesen aufraffen. Sechshundert Seiten widern mich an. Kurzum: der übliche Katzenjammer! Da ich aber hoffe, Du kennst diese Löcher, in die hineinzufallen, nicht Lust bereitet, wirst Du den Stab nicht über mich brechen [...]. (UAG, 30)

Zu diesem Zeitpunkt kannte Johnson diese ›Löcher‹ noch nicht; seine Schreibkrise ereilte ihn erst 1975. Seine fehlende Erfahrung mit solch einer Krise mag vielleicht der Grund dafür gewesen sein, warum er auf Grass' Äußerungen nicht eingeht.

Überhaupt verlief der Briefwechsel relativ ruhig und unspektakulär, bis auf zwei spannungsgeladene Dispute. Der Streit darüber, was Grass über Johnson beim Bayerischen Rundfunk gesagt hatte, wurde schon angesprochen – und ähnlich ›aufregend‹ war der Vorfall mit dem »Spandauer Volksblatt«: Johnson äußerte sich gegenüber dem »Spiegel«-Redakteur Martin Morlock kritisch über das »Spandauer Volksblatt« und die drei darin erschienenen Berichte von Günter Grass (*An Bord der Bremen*). Morlock war eigens gebeten worden, nichts zu publizieren, was dem »Spandauer Volksblatt« oder Günter Grass hätte Schaden zufügen können. Jedoch hielt sich der Redakteur nicht an die Absprache – wie in seinem Artikel vom 20. Juni 1964 nachzulesen ist.[14] Offiziell bedauerte Johnson den Vorfall, aber bei genauerer Sichtung der Briefe lässt sich vermuten,

---

13 Vgl. Neumann (Anm. 4), S. 392f.
14 Vgl. UAG, 41, Anm. 2.

dass er die ganze Sache als Ausgleich für die von Grass ungewollte »Spiegel«-Veröffentlichung vom 4. September 1963 ansah:[15]

Einmal warst du recht besorgt mir zu erklären, wie ohne dein Dazuwollen eine Zeitung deine Meinung druckte über meinen Satzzeichenschwund; deshalb vielleicht wird dir recht sein von mir erklärt zu bekommen wie ohne mein Dazuwollen das selbe Nachrichtenmagazin meine Meinung druckte über das Spandauer Volksblatt [...]. (UAG, 39f.)

Von diesen beiden Auseinandersetzungen abgesehen, entsteht durch die Briefe der Eindruck, dass Johnson und Grass eine nahezu reibungslose und gefestigte Freundschaft verband. Die mehrjährigen Schreibpausen lassen zwar vermuten, dass dem nicht so war, aber entsprechenden Aufschluss gibt erst die Kommentierung des Herausgebers, Arno Barnert. Im Anhang präsentiert er aussagekräftige Quellen, die das ambivalente Verhältnis der beiden Schriftsteller zueinander darstellen.

So schrieb Johnson etwa an Martin Walser, dass der Umgang mit Grass heikler geworden sei, weil dieser seinen Lebensstil als den einzig wahren ansehe und nicht in der Lage sei, sich Meinungen und Argumente anderer anzuhören.[16] Grass hingegen schrieb Helen Wolff, dass er die ewigen Moralpredigten Johnsons satt habe, vor allem dann, wenn dieser schon vier bis fünf Flaschen Rotwein getrunken habe.[17] Einerseits verabscheute Grass Johnsons Trinkgewohnheiten, weil der Alkohol diesem Kommunikationsbereitschaft und Gesprächsfähigkeit raubte, zugleich bekümmerte ihn Johnsons Alkoholproblem.[18] 1977 schrieb er an Siegfried Unseld, dass er sich Sorgen um Johnsons Gesundheitszustand und dessen Vereinsamung mache – und ob man ihm nicht helfen könne. Er schlug vor, ein Reisestipendium nach Amerika vorzutäuschen, um Johnson aus seinem Tief zu reißen. Grass wollte sich sogar an der Finanzierung beteiligen. Die Hilfsaktion scheiterte an Unseld, der auf diese Idee nicht einging und meinte, nur das Schreiben könne Johnson helfen. Und ohnehin sei er, Unseld, der Einzige, der den wahren Grund für Johnsons Selbstzerstörungstrieb kenne.[19] Nach Johnsons Tod machte sich Grass schwere Vorwürfe, dass er nicht mehr unternommen hatte, um seinem Freund aus der Misere zu helfen. Dass er von seinen Sorgen und Ängsten Johnson etwas mitgeteilt, ihn nach

15 Vgl. Bestseller-Autor Grass, in: Der Spiegel, 4. 9. 1963, S. 64–78, hier: S. 77. Grass soll laut »Spiegel« gesagt haben, dass er bei Johnsons *Das dritte Buch über Achim* Kommata eingefügt habe, um den Text besser lesen zu können.

16 Vgl. UAG, 186.

17 Vgl. Briefwechsel Grass – Wolff (Anm. 5), S. 139.

18 Vgl. Neumann (Anm. 4), S. 395ff.

19 Vgl. UAG, 192f.

seinen Problemen befragt oder auf seinen enormen Alkoholkonsum angesprochen hätte, ist dem Briefwechsel allerdings nicht zu entnehmen.

Johnson war freilich nicht der Einzige, der Sorgen hatte. Grass mühte sich, mit seinen eigenen Problemen zurechtzukommen. Die Beziehung zu Veronika Schröter hatte ihm schwer zugesetzt, vor allem während der Zeit ihrer Schwangerschaft. Sie konnte sich nicht unbeschwert auf die Geburt ihrer Tochter Helene freuen, weil sie befürchtete, ihre Karriere aufs Spiel zu setzen und ihre Eigenständigkeit zu verlieren. Viele der damit verbundenen Erlebnisse verarbeitete Grass im *Butt*.[20]

Johnson benutzte die *Skizze eines Verunglückten* als Ventil, um das dramatische Scheitern seiner Ehe zu bewältigen; Grass las den Text in diesem Sinne. Es mag an der Erfahrung mit der eigenen Arbeit am *Butt* gelegen haben, dass er über dieses Werk mehr als entsetzt war, ja bedauerte, dass Johnson es geschrieben hatte. Grass meinte, Johnson verrenne sich und könne seine eigene Geschichte nicht mehr richtig einordnen:

> Bis zu der Phase, in der diese Art von Zerstörung bei ihm schon spürbar war, und die Entfernung von der Wirklichkeit, was seine Ehe betraf, so von ihm Besitz ergriffen hatte, daß man ihm zwar zuhören konnte, aber zu raten war da nicht mehr. [...] Wenn man direkt widersprochen hätte, wenn ich ihm gesagt hätte: Uwe du spinnst, ich kenne Elisabeth auch. Du sitzt da einer Geschichte auf, die keinen Boden hat – er hätte das Gespräch sofort beendet.[21]

In ihren schweren Krisenzeiten tauschten sich Grass und Johnson nicht aus, jedenfalls nicht schriftlich. Es gab zwischenzeitlich Begegnungen und Gespräche, über die Grass Helen Wolff unterrichtete. Diesen Briefen zufolge waren es eher oberflächliche Treffen, die meist im Rahmen der Familien oder am Rande von Veranstaltungen zustande kamen.[22] Da Johnson generell zurückhaltend war, was sein Privatleben anging, ist nicht anzunehmen, dass er sich Grass anvertraute. Wie sehr Johnson versuchte, sein privates Leben und alles, was darin vorkam, zu kontrollieren, wird an folgender Aussage Grass' deutlich: »Das ging bis ins Private hinein. Wir saßen in meinem Haus in Friedenau auf der Terrasse, und er sagte: Du hast aber dann und dann – mit Datum genau – das und das gesagt. Ich sage: Wie soll ich das genau wissen? Er: Ich habe es aufgeschrieben.«[23]

20 Vgl. Neuhaus (Anm. 6), S. 123f. und 163ff.

21 Günter Grass: Distanz, heftige Nähe, Fremdwerden und Fremdbleiben. Gespräche über Uwe Johnson, in: Roland Berbig, Erdmut Wizisla (Hg.): »Wo ich her bin...«. Uwe Johnson in der DDR, Berlin 1993, S. 99–121, hier: S. 113.

22 Vgl. Briefwechsel Grass – Wolff (Anm. 5), S. 194, 208, 232, 247, 249.

23 Grass (Anm. 21), S. 117.

Mit diesem Verhalten hatte Grass massive Probleme, er fühlte sich überwacht und eingeengt. Was in den Briefen nicht erwähnt wird, aber geeignet ist, diese Reaktion zu erklären, ist ein Streit, der zwischen Grass und Johnson aufkam, als dieser dem Ehepaar Grass einen Radioapparat präsentierte, der private Telefonate empfangen konnte. Grass war darüber entsetzt, wie Johnson, der selbst stets befürchtete, von der Stasi überwacht zu werden, ganz selbstverständlich solch intime Gespräche belauschte.[24]

Generell war das Verhältnis der beiden problembeladen. In Bernd Neumanns Johnson-Biografie ist ein Briefauszug von Helen Wolff abgedruckt, aus dem deutlich hervorgeht, dass Johnson sich im Schatten des berühmten Autors Günter Grass sah.[25] Beide Literaten hatten fast zeitgleich ihre ersten Werke veröffentlicht, beide fanden beachtliche Resonanz, Grass allerdings gelang auch der finanzielle Durchbruch – er wurde deutlich berühmter als Johnson.[26] Besonders bei der gemeinsamen Amerikareise muss Johnson neidisch gewesen sein, als Grass von Passanten erkannt wurde und er nicht. Johnson gab sich zwar im Scherz als Fotograf des deutschen ›Starautors‹ aus, doch hatte der Spaß einen bitteren Beigeschmack, wie Grass später selbst bemerkte.

Während Grass Johnson stets gegenüber der Presse lobte, nutzte jener diesen Weg, um Grass ein wenig verlegen aussehen zu lassen. So sprach er beispielsweise von Grass als Anti-Intellektuellem. Grass selbst versuchte, Johnson im Nachhinein für diese Bemerkung zu verteidigen, es blieb jedoch ein fader Nachgeschmack.[27] Die Kritik am ›Freund‹ wurde gelegentlich auch persönlich. Aus Johnsons Brief vom 19. Januar 1966 an Martin Walser geht hervor, dass Johnson Grass für selbstherrlich hielt.[28]

Aber Günter G.s Eifern für eine westdeutsche Partei brach über uns herein. Da solche Gespräche auf Wiederholung, Affirmation durch Repetition hinauslaufen, könntest du dich gelangweilt haben. GG möchte nicht zugestehen dass er nicht von jedermann verlangen darf er möchte sich verändern wie er selbst aus einem kommentierenden Betrachter zu einem öffentlichen Redner wurde.[29]

Das geht nicht nur gegen politische Ansichten und Aktivitäten, sondern auch gegen die Person. Im Zusammenhang mit dem »Gulliver«-Projekt warf Johnson Grass vor, er beschäftige sich lieber mit dem Planen des Projekts, anstatt

24 Vgl. ebd., S. 117.

25 Vgl. Neumann (Anm. 4), S. 394f.

26 Vgl. Claudia Mayer-Iswandy: Günter Grass, München 2002, S. 105.

27 Vgl. ebd., S. 118f.

28 Vgl. UAG, 186.

29 »fuer Zwecke der brutalen Verstaendigung«. Hans Magnus Enzensberger, Uwe Johnson. Der Briefwechsel, hg. von Henning Marmulla und Claus Kröger, Frankfurt am Main 2009, S. 113f.

mitzuarbeiten. Auch am Misslingen der gemeinsamen »Spiegel«-Aktion der Gruppe 47 gab er Grass Mitschuld: »Unerfreulich war natürlich auch der Auftritt von Günter Grass, der die Sache in einen albernen Zusammenhang brachte (du erinnerst dich: es sind immer die selben und nagen am Grundgesetz)«.[30]

Als Johnson Grass dann brauchte, im Zusammenhang mit dem Skandal um die Kommune I und der daraus resultierenden Räumung seiner Wohnung, war Grass zur Stelle.

Ein solches deutliches Auf und Ab in Johnsons Freundschaften ist nichts Ungewöhnliches. Mit zunehmender Zahl der Briefwechsel wird deutlich, dass er Differenzen zuspitzte und austrug, jedenfalls Männern gegenüber. Im Umgang mit Frauen verhielt er sich anders. Selbst wenn Johnson versuchte sich optisch »hässlich zu machen«,[31] wie es Grass einmal nannte, so kam er dennoch recht gut beim weiblichen Geschlecht an.

Anna Grass – eine Freundin auf Zeit

Auch Anna Grass gehörte zu den Frauen, die gut mit Uwe Johnson auskamen. Sie schrieben sich 32 relativ ausführliche Briefe. Bei keinem seiner Briefpartner wirkte Johnson im Umgang so unbeschwert und offen wie mit Anna. Sie tauschten sich aus über Kinder und Kino und auch über die jeweils neuesten Aktivitäten ihrer Ehepartner. Auf diese Weise war Johnson über Günter Grass' Befinden informiert, selbst wenn die beiden keinen Briefkontakt hatten. Einige Briefpartner bemängelten, dass Johnson nie etwas Privates schreibe. Manch einer wünschte sich persönlichere Informationen als Landschaftsschilderungen. Was die Leidenschaft für die Beschreibung von Landschaften betraf, hatte Johnson in Anna eine Gleichgesinnte gefunden. Auch sie berichtete gern von dem, was sie von der Umgebung wahrnahm (einschließlich Fahrten mit der Eisenbahn). Und, das eine hat mit dem anderen durchaus zu tun, sie teilte Johnsons Faible für Möglichkeiten: Eine Begebenheit mit einer Kellnerin aus New York, mit der Anna etwas »angefangen hätte« (UAG, 66), wenn sie ein Mann wäre, entwickelte sich zum ›running gag‹. Das Ausmalen der Möglichkeit zieht sich wie ein roter Faden durch den Briefwechsel. Johnson bauschte die Geschichte immer wieder mit neuen Details über die Kellnerin auf, und Anna fand daran Vergnügen. Das Spiel mit der Farbe Gelb, mit Hans Magnus Enzensberger begonnen, wird mit Anna fortgesetzt, bis hin zu »gelben Grüße[n]« (UAG,

30 Ebd., S. 51.

31 Vgl. Grass (Anm. 21), S. 118.

68).[32] Zudem verband die beiden eine Vorliebe fürs Kino, viele Filme sahen sie gemeinsam. Sie behandelten einander mit freundschaftlichem Respekt. Johnson machte öfter eine Bemerkung über Annas Ballettkünste, sie wiederum sprach ihn auf sein Dichterdasein an.

Den Höhepunkt ihres Austausches bilden die Jahre 1966 bis 1968, in denen die Johnsons in New York lebten und von Anna Grass schmerzlich vermisst wurden. Aber es gibt noch einen anderen, wichtigeren Grund, warum im Jahr 1967 gleich 23 Briefe unter den Nachbarn hin und her geschickt wurden – und der hat mit den Enzensbergers zu tun.

Während ihres Amerikaaufenthaltes stellten die Johnsons ihre Berliner Räumlichkeiten den Enzensbergers zur Verfügung. Die Atelierwohnung überließen sie im Frühjahr 1966 Hans-Magnus' Bruder Ulrich Enzensberger und im Januar 1967 vertrauten sie ihre Familienwohnung Magnus' Ehefrau Dagrun an. Da es zwischen ihr und ihm kriselte, fanden die Johnsons es selbstverständlich, dass Dagrun sich in ihrer Bleibe eine Auszeit nehmen konnte.

Beide Wohnungen der Johnsons wurden zum Treffpunkt der Kommune I.[33] Dagrun beschrieb diese wie folgt:

> Wir machen eine kommune mit wenige verzweifelte, die alle nicht mehr dieses hier mitmachen können. Nach aussen profilieren wir uns vorläufig nur in demonstrationen, sit-in-s etc.. Samstag 28. 1. grosse demo auf dem Kuhdamm m. kundgebungen am Gedächtniskirche. Gegen das sicherstellen der SDS-kartei von der polit. polizei, gegen Albertz senatspolitik, Liebers universitätsdiktatur, gegen notstandsgesesétze. [...] Reden von der prominenz. Darunter GG, der nachher das sprechchor hören musste: Grass macht sich die hosen nass.[34]

Johnson wurde auf die Kommune I und deren wildes Hausen in seinen Räumlichkeiten erst durch Beschwerdebriefe seiner Nachbarin aufmerksam. Anfänglich versuchte er, über Hans Magnus Enzensberger herauszufinden, was denn genau in seinen Wohnungen vorgehe. Aber Enzensberger wollte oder konnte keinen Klartext reden.

32 Im Briefwechsel Uwe Johnson – Hans Magnus Enzensberger (Anm. 29) finden sich die Entwürfe zur Farbe ›Gelb‹, die Johnson in den *Jahrestagen* einbaute. ›Gelb‹ steht symbolisch für die Erfahrungen Johnsons in Amerika – ausführlich beschreibt er, was dort tatsächlich alles gelb war und wie sich diese Farbe durch eine ganze Kultur zieht.

33 Genaueres zum Skandal um die Kommune I und zu dem damit verbundenen Streit zwischen Johnson und den Enzensbergers kann man im Briefwechsel Enzensberger – Johnson nachlesen (vgl. Anm. 29).

34 Briefwechsel Enzensberger – Johnson (Anm. 29), S. 174f.

Die Kommune I, bestehend aus acht Mitgliedern, bereitete unterdessen einen Anschlag auf den amerikanischen US-Vizepräsidenten Hubert H. Humphrey vor, der nach Berlin kommen sollte.

Die dafür benötigten Bomben aus Puddingpulver sollten in Johnsons Räumen hergestellt werden. Ehe es dazu kam, griff die Polizei zu und stellte Beweise sicher. Johnson erfuhr von alledem aus der »New York Times« – es las sich, als seien die Bomben schon gebaut gewesen. Er reagierte sofort und erteilte Günter Grass eine Vollmacht. Dieser schritt gleich zur Tat und ließ die Wohnung zwangsräumen. Aus einem Brief von Helen Wolff an Günter Grass erfährt man, dass Johnson von dem »warme[n], kameradschaftliche[n] Verhalten«[35] sehr gerührt war und dass »die Substanz der Freundschaft« sich »bewährt« habe.[36]

Auch die Freundschaft zu Anna bewährte sich in dieser Zeit. Es war schließlich ihr Verdienst, dass die Johnsons in eine ordentliche Wohnung zurückkehren konnten. Sie ließ entstandene Schäden ausbessern und sorgte für die Reinigung, per Brief hielt sie Johnson auf dem Laufenden. Nach der Räumung kümmerte sie sich zudem weiter um den Telefonanschluss und die Post. »Dafür will ich dir eines Tages ein großes Eis kaufen« (UAG, 133), schrieb Johnson an Anna. Ob sie tatsächlich jemals ein Eis von ihm spendiert bekam, ist nicht überliefert.

Den Schrecken über das vermeintliche Attentat und den Zustand der Wohnung abgerechnet, wirkt der Briefwechsel zwischen Johnson und Anna Grass heiter und ausgelassen. Es stimmt traurig, dass er 1972 so abrupt endete. Obwohl Anna mit ihren Kindern und einem neuen Lebensgefährten weiterhin in der Niedstraße wohnte, nahm Johnson keinen Kontakt mehr zu ihr auf. Er hielt wohl an einem alten Grundsatz fest, nämlich dass die Partnerin eines Freundes nur für die Dauer der bestehenden Verbindung ein »voll berechtigtes Mitglied«[37] des Freundeskreises sei.

Füreinander eingestanden

Während Johnson und Anna Grass mehr das Private und Vergnügliche verband, teilte Johnson mit Günter Grass das berufliche und literarische Leben. Die Zeit ihrer Nachbarschaft empfanden alle Beteiligten als etwas Besonderes, wie sie sich in ihren Briefen oft gegenseitig versicherten. Die vertraute Nähe, die sich durch das alltägliche Zusammenleben entwickelt hatte, wird im Briefwech-

35 Briefwechsel Grass – Wolff (Anm. 5), S. 111.

36 Ebd.

37 Uwe Johnson: *Fünfundzwanzig Jahre mit Jake, auch unter dem Namen Bierwisch bekannt*, in: Berbig, Wizisla (Hg.) (Anm. 21), S. 51–67, hier: S. 55.

sel an Kleinigkeiten und Details immer wieder spürbar: beispielsweise als Günter Grass sich während eines Hotelaufenthalts Johnsons Rasierer ausleihen wollte, Johnson das Tonbandgerät von Grass reparierte oder sie sich abwechselnd in der Küche des anderen trafen.

Sie halfen sich nicht nur im privaten Leben, sondern auch im öffentlichen. Grass setzte sich immer wieder dafür ein, Johnsons Werke auch in der DDR zu veröffentlichen. Er lobte den jüngeren Kollegen stets vor der Presse und rühmte dessen außergewöhnliches Talent, auch wenn er anfänglich nicht vom Erfolg der *Jahrestage* überzeugt war[38] oder die *Skizze eines Verunglückten* ablehnte. Als die Presse die Räumlichkeiten der Kommune I fotografieren wollte, schützte Grass Johnsons Privatsphäre mit vollem Körpereinsatz. Und er half auch finanziell. Er schenkte Elisabeth eine Waschmaschine und finanzierte Johnsons erste Amerikareise mit. Als es Johnson schlecht ging, war es Grass, der versuchte, dessen Freunde wachzurütteln, um ihn aus seinem Tief zu reißen.

Johnson unterstützte Grass, als dieser mit dem Springer-Prozess zu kämpfen hatte oder zum Opfer der Satire *Schnauzbärtiger Kleinbürger* von Peter Hacks wurde. Er forderte Grass auf, sich zu wehren und sich die Ungerechtigkeiten nicht gefallen zu lassen. Als Grass einmal der Hut gestohlen wurde, besorgte Johnson ihm selbstverständlich einen neuen. Er stellte, wie bereits erwähnt, die Listen der Bücher zusammen, die in den von Grass gestifteten Bundeswehrbibliotheken stehen sollten. Die Rede zur Übergabe allerdings wollte er nicht halten. Das verärgerte Grass. Johnson hielt seinen Teil der Arbeit für einen »reinen Freundschaftsdienst«.[39] An der politischen Aktion wollte er nicht beteiligt sein.

Das Detail ist sprechend: Die Freundschaft der beiden war zum Teil äußerst kompliziert, es gab Berg- und Talfahrten (was möglicherweise eine Freundschaft erst ausmacht). Dennoch waren beide vertraut miteinander, literarische Weggefährten, die sich trotz aller Unterschiede und verschiedener Lebensansichten respektierten und aneinander festhielten.

Tilman Jens sah das anders. In »Unterwegs an den Ort wo die Toten sind. Auf der Suche nach Uwe Johnson in Sheerness« (1984) stellte er das Verhältnis von Grass und Johnson äußerst negativ dar. Als Reaktion darauf rückte Helen Wolff in einem Zeitungsartikel der »Süddeutschen Zeitung« das freundschaftliche Verhältnis der beiden in ein anderes Licht. Sie leugnete nicht, dass die beiden Literaten Probleme miteinander hatten, aber sie bezeugte, dass die Freundschaft der beiden etwas Besonderes war, etwas, das ihr sehr nahe ging:

38 Vgl. Briefwechsel Grass – Wolff (Anm. 5), S. 174.

39 AZ-Gespräch mit Uwe Johnson. Prosa ohne Pathos, in: Abendzeitung München, 15. 9. 1965, Nr. 221, S. 8.

während ich Uwes Leben – dem ich zum ersten Mal an Deiner Seite begegnete – zurückdenke, tröstet mich, daß Ihr Euch ausgesöhnt hattet – und daß man an ein Frühstück bei ihm mit Günter und Anna als etwas Heiles zurückdenken kann.[40]

Versöhnt hatten sie sich wohl, noch einmal nahe gekommen sind sie sich nicht mehr. Dies wird auch im Briefwechsel deutlich, der zum Ende hin äußerst spärlich ausfällt.

Die Freundschaft zwischen Johnson und Grass kann in ihrer Komplexität allein anhand der Briefe kaum nachvollzogen werden. Doch sie geben immerhin einen Einblick in Johnsons Privat- und Familienleben, über das nicht eben viele gesicherte Mitteilungen vorhanden sind. Der briefliche Austausch mit Anna Grass zeigt, was man sich vorstellen muss, wenn von Johnsons charmantem Umgang mit dem anderen Geschlecht die Rede ist.

Typisch johnsonsche Charakteristika finden sich auch in diesen Texten: Privates und literarisches Sprechen vermischen sich – Johnsons Stil ist unverkennbar. Er weiß korrekten Umgangston mit einem speziellen Humor zu verbinden, Anna gegenüber kann er geradezu ausgelassen sein, in seiner Angst vor Vertrauensbrüchen ist er vielen seiner Figuren nahe.

Man kann dem Briefwechsel entnehmen, dass sich die Freundschaft zwischen Grass und Johnson nicht in Briefen erschöpfte. Vor dem Hintergrund des biografischen Materials, das in den letzten Jahren veröffentlicht wurde, und vor allem angesichts der anderen Briefwechsel, die erschienen sind, lässt sich die Frage, wie die beiden nun tatsächlich zueinander standen, kaum einfach beantworten. Am besten hat es wohl Grass selbst getroffen, als er den Verlauf seiner Freundschaft zu Johnson so beschrieb: »Distanz, heftige Nähe, neue[s] Fremdsein und Fremdbleiben«.[41]

40 Briefwechsel Grass – Wolff (Anm. 5), S. 319.

41 Günter Grass: *Abschied von Uwe Johnson*, in: ders.: Die Deutschen und ihre Dichter, hg. von Daniela Hermes, München 1995, S. 233–238, hier: S. 233.

Ulrich Krellner

Weder Vorstufe noch Parallelerzählung. Plädoyer für die Neulektüre von Uwe Johnsons Nachlasswerk *Heute Neunzig Jahr*

> Das Was des Kunstwerks interessirt die Menschen mehr als das Wie; jenes können sie einzeln ergreifen, dieses im Ganzen nicht fassen. Daher kommt das Herausheben von Stellen, wobei zuletzt, wenn man wohl aufmerkt, die Wirkung der Totalität auch nicht ausbleibt, aber jedem unbewußt.
>
> Johann Wolfgang Goethe[1]

I.

Als Uwe Johnson im Februar 1984 noch nicht einmal 50-jährig starb, fand sich in seinem Nachlass ein Manuskript mit dem Arbeitstitel *Heute Neunzig Jahr*, das offenbar das letzte Schreibprojekt war, an dem der Autor vor seinem Tod arbeitete. Wiewohl Fragment geblieben, unterhält dieser Text ein dichtes Beziehungsgeflecht zum übrigen Werk Johnsons, insbesondere zu den *Jahrestagen*, und ist seiner Struktur nach geeignet, bestimmte Züge der johnsonschen Fiktionsbildung exemplarisch zu beleuchten.

Eine der am meisten beachteten Eigenarten von Johnsons Erzählstil bestand von früh auf darin, erfundene Figuren nach der Publikation eines Werkes nicht *ad acta* zu legen, sondern ›weiterzuerzählen‹, bzw. als Katalysator für nachfol-

1 Johann Wolfgang Goethe: *Sämtliche Werke. Briefe, Tagebücher und Gespräche*, Bd. I, 13: *Sprüche in Prosa. Maximen und Reflexionen*, hg. von Harald Fricke, Frankfurt am Main 1993, S. 138 (= Frankfurter Ausgabe).

gende Erzählprojekte zu verwenden. Auf diese Weise hat Johnson seinen Figuren ein poetisches Fortleben zu sichern gewusst; er hat, wie noch zu zeigen ist, mit dieser ökonomisch-reflexiven Verfahrensweise aber auch den ›Motor‹ seiner literarischen Produktivität am Laufen gehalten. Wie die Mechanismen von Johnsons werkübergreifender fiktionaler Praxis im Einzelfall funktionieren, möchte ich im Folgenden am Beispiel von *Heute Neunzig Jahr* näher erläutern. Den äußeren Anlass dafür bietet die verdienstvolle Neuausgabe des Textes durch einen deutsch-polnischen Verlag,[2] aber auch der – weniger erfreuliche – Tatbestand, dass die unvollendete Nachlassschrift bislang lediglich als »Vorstufe«[3] oder »Arbeitstext«[4] für die *Jahrestage* wahrgenommen wird und folglich ein Nischendasein fristet – zu Unrecht, wie ich meine. Während die poetische Autonomie von Johnsons gleichfalls nachgelassenem Roman *Ingrid Babendererde. Reifeprüfung 1953* kaum je in Frage gestellt wurde, ist es um die ästhetische Reputation von *Heute Neunzig Jahr* als eigenständigem Werk in Forscherkreisen nicht zum Besten bestellt.[5] Die Vorbehalte gegen den Text scheinen zunächst insofern nachvollziehbar, als die in Johnsons Nachlass aufgefundenen Manuskripte allesamt aus dem Jahr 1975 stammen und in der Zeit vor seinem Tod keine oder nur geringe weitere Bearbeitung erfuhren.[6] *Heute Neunzig Jahr* – der Titel stammt erst aus dem Jahr 1983 – ist somit kein autorisiertes Werk, sondern ein Fragment, dessen Programmatik teilweise erschlossen werden muss und dessen Deutung in gewissem Maße hypothetisch bleibt; ein Umstand, den jede Interpretation mit einkalkulieren sollte. Dennoch lässt bereits eine oberflächliche Prüfung erkennen, dass der Text – auch in fragmentarischem

2 Uwe Johnson: *Heute Neunzig Jahr.* Aus dem Nachlass hg. von Norbert Mecklenburg. Fotos von Rafael Leszcynski. Mit einem Nachwort von Roman Bucheli, Berlin, Warszawa 2009. Der vorliegende Artikel ist die erweiterte Fassung eines Vortrags, den ich anlässlich der Buchvorstellung der Neuausgabe am 8. Dezember 2009 im Literaturhaus in der Fasanenstraße in Berlin und am 19. März 2010 im Klützer Uwe Johnson Literaturhaus gehalten habe. Zit. wird künftig nach folgender Ausgabe: Uwe Johnson: *Heute Neunzig Jahr.* Aus dem Nachlaß hg. von Norbert Mecklenburg, Frankfurt am Main 1996 (HNJ, Seite).

3 Diese Hypothese zieht sich als roter Faden durch alle – noch im Einzelnen zu untersuchenden – Publikationen Norbert Mecklenburgs zu Johnsons Nachlasstext.

4 Greg Bond: ›Sie hätten eine verdammt gute Zeit miteinander haben können‹. Erste Eindrücke zu Uwe Johnsons *Heute Neunzig Jahr*, in: Johnson-Jahrbuch 4 (1994), S. 56–71, hier: S. 56. Zu seinem Urteil ist Bond unter Berufung auf Mecklenburg gelangt.

5 Auch die jüngste Untersuchung von Matthias Wilde hält im Anschluss an Mecklenburg *Heute Neunzig Jahr* für eine »Vorstufe« der *Jahrestage*, immerhin aber für eine »mit eigenem Wert«. Matthias Wilde: Die Moderne beobachtet sich selbst. Eine narratologische Untersuchung zu Uwe Johnsons *Jahrestage*, seinem Fragment *Heute Neunzig Jahr* und zu Robert Musils *Der Mann ohne Eigenschaften*, Heidelberg 2009, S. 146. Vgl. dazu auch ders.: Die Differenz in der Erzählkomposition zwischen Moderne (*Der Mann ohne Eigenschaften*) und Zweiter Moderne (*Jahrestage*), in: Johnson-Jahrbuch 15 (2008), S. 95–115.

6 Zur Manuskriptlage vgl. Norbert Mecklenburg: Editorische Hinweise, in: HNJ, 143–146.

Zustand – »künstlerisch vollkommen durchgestaltet«[7] wurde und über eine ästhetische Form verfügt, die ihn klar von anderen Werken Johnsons unterscheidet; Kriterien, denen auch die Literaturwissenschaft bei der Beurteilung und Einordnung des Werkes Rechnung tragen sollte.

II.

Jeder Leser, der sich mit Johnsons letztem geplanten Werk auseinander zu setzen wünscht, sieht sich vor der Entscheidung zur Lektüre mit einer verwirrend redundanten Editionslage konfrontiert, die ihrerseits die Ratlosigkeit indiziert, mit der die Nachlassverwalter und Interpreten Johnsons Text bislang gegenüberstehen. Sie findet darin ihren Ausdruck, dass *Heute Neunzig Jahr* seinerzeit in zwei Anläufen – einmal 1988 als Teilpublikation, einmal 1996 in vollem Umfang – veröffentlicht wurde, obwohl sich an der im Nachlass einsehbaren Manuskriptlage in der Zwischenzeit nichts geändert hatte.

Das 1988 herausgegebene Textviertel trug den Titel *Versuch, einen Vater zu finden* und war von einer auf Tonband aufgezeichneten Lesung Johnsons aus dem Manuskript inspiriert. Der Herausgeber ließ sich bei der Textherstellung vom Grundsatz leiten: »den Wortlaut nach der Lesung, die schriftliche Form nach der zweiten Fassung von *Heute Neunzig Jahr* zu bieten«.[8] Anliegen der Edition, die auch eine Tonkassette enthielt, war es, »ein kostbares Gut: die Stimme Uwe Johnsons«[9] anhand von bislang unveröffentlichtem Material zugänglich zu machen.

Acht Jahre später entschloss sich der Suhrkamp Verlag zu einer Neuausgabe des gesamten Texts von *Heute Neunzig Jahr.* Den Ausgangspunkt bildete nun nicht mehr ein Tondokument, sondern das in mehreren Abschriften im Nachlass vorhandene Manuskript in seiner Gänze. Diese unentschiedene, einmal am selektiven Wortlaut einer Lesung, einmal am nachgelassenen schriftlichen Text orientierte Publikationspraxis wirft die Frage auf, wieso nicht bereits 1988 der Gesamttext von *Heute Neunzig Jahr* den Lesern zugänglich gemacht worden war? Eine indirekte Antwort darauf geben die beiden Nachworte des Herausgebers, besonders aber ein Artikel aus dem Jahr 1989, mit dem Norbert Mecklenburg die Herausgabe von *Versuch, einen Vater zu finden* flankiert hat. Unter dem fragenden Titel »Ergänzung, Variante, Vorstufe? Uwe Johnsons unveröffentlichter Nachlaßtext *Heute Neunzig Jahr*« gibt er einerseits Einblick in die

7 So Norbert Mecklenburg über die 1988er Teilveröffentlichung *Versuch, einen Vater zu finden.* Norbert Mecklenburg: Nachwort, in: Uwe Johnson: *Versuch, einen Vater zu finden. Marthas Ferien*, hg. von N. M., Frankfurt am Main 1988, S. 71–96, hier: S. 72.

8 Ebd., S. 68.

9 Ebd., S. 71.

Manuskriptlage von Johnsons schriftstellerischer Hinterlassenschaft, andererseits erläutert er die Schlüsse, die er als Herausgeber aus dem Nachlasskonvolut gezogen hat.

Die folgenreichste Hypothese Mecklenburgs, die allen nachfolgenden Ausführungen die Richtung vorgibt, betrifft den Status der poetischen Autonomie des Nachlasstextes. Verblüfft über eine »weitgehende stoffliche Identität des über die gleiche Zeit Erzählten, 1931–1946, in *Heute Neunzig Jahr* und *Jahrestage* 1–3«,[10] steht für ihn fest, dass der nachgelassene Text kein eigenständiges Erzählwerk sein kann, sondern lediglich »ein Konzentrat, eine Kurzfassung von *Jahrestage*«.[11] Aus den »frappierenden Übereinstimmungen« beider Texte zieht Mecklenburg den entstehungsgeschichtlichen Schluss, »daß die Nachlaßmanuskripte, obwohl 1975 niedergeschrieben, eine *ältere* Version der Vergangenheitserzählung von *Jahrestage* bieten, da die *Jahrestage*-Version als die publizierte, die endgültige sein muß«.[12] Um diese Sicht der Dinge untermauern zu können, führt der Herausgeber ein spekulatives Element in Gestalt eines »nicht mehr vorhandene[n] Manuskript[s]« in seine Argumentation ein, das angeblich vor 1967 – dem Beginn der Arbeit an den *Jahrestagen* – »als Steinbruch für die Jerichow-Ebene«[13] entstanden sei und »den Kernbestand der späteren Manuskripte [von *Heute Neunzig Jahr*] enthielt«.[14]

Die zentrale Frage, warum Uwe Johnson überhaupt im Frühjahr 1975 neben den unabgeschlossenen *Jahrestagen* ein »stofflich« damit identisches Erzählprojekt begonnen haben sollte, bereitet Mecklenburg offensichtlich die größten Probleme. Er glaubt sie zu lösen, indem er auf Johnsons »Beschädigung der Herzkranzgefässe«[15] aufmerksam macht, die »den Autor auf eine andere, leichtere Arbeit ausweichen ließ«.[16] *Heute Neunzig Jahr* erscheint, so besehen, als »selbsttherapeutische Übung und als Sicherung des im Kopf bereits weitgehend Fertigen, aber noch nicht schriftlich Fixierten«.[17] Die Frage schließlich, wieso Johnson 1983, nach Abschluss der *Jahrestage*, das 1975 liegen gebliebene Manuskript erneut aufgriff und durch einen Vorschautext zur Publikation ankündigen ließ, kann sich Mecklenburg nur durch eine »Wette« mit Siegfried Unseld

---

10 Norbert Mecklenburg: Ergänzung, Variante, Vorstufe? Uwe Johnsons unveröffentlichter Nachlaßtext *Heute Neunzig Jahr* in seinem Verhältnis zu *Jahrestage*, in: Manfred Jurgensen (Hg.): Johnson. Ansichten – Einsichten – Aussichten, Bern, Stuttgart 1989, S. 91–120, hier: S. 94.

11 Ebd., S. 96.

12 Ebd., S. 101.

13 Ebd., S. 109f.

14 Ebd., S. 109.

15 Ebd., S. 99; das Johnson-Zitat aus: Uwe Johnson: *Begleitumstände*, Frankfurt am Main 1980, S. 451 (im Folgenden zit. als BU, Seite).

16 Mecklenburg (Anm. 10), S. 118, Anm. 28.

17 Ebd., S. 99.

erklären, die Johnson »um des schriftstellerischen Überlebens willen«[18] angenommen haben soll, weil ihm als einem bei Suhrkamp hoch verschuldeten Autor im Fall der Fertigstellung eines Werkes bis zum 15. Mai 1984 ein Betrag von 100 000 DM zugestanden hätte.

Die Ausführungen zu Johnsons unveröffentlichtem Nachlasstext schließen mit dem immerhin erstaunlichen Satz:

> Daß *Versuch, einen Vater zu finden* in der uns überlieferten fragmentarischen Form einen solchen Eigenwert besitzt und darum, sobald die Aufarbeitung des Nachlasses es erlaubt, in angemessener Form veröffentlicht zu werden verdient, hoffe ich in der vorliegenden Studie gezeigt zu haben.[19]

Auf das gesamte *Heute Neunzig Jahr*-Manuskript – dem der Aufsatz eigentlich gewidmet sein sollte – bezogen, kann das nur heißen: es lohnt sich nicht, den über *Versuch einen Vater zu finden* hinausgehenden Text (also drei Viertel des gesamten Nachlasskonvoluts) zu veröffentlichen, weil dafür kein poetischer »Eigenwert« zu erkennen ist.

Dass es dennoch zu der Veröffentlichung des gesamten Textes von *Heute Neunzig Jahr* gekommen ist, verdanken die Leser offenbar dem Suhrkamp Verlag, der sich – verständlicherweise – nicht damit zufrieden geben wollte, ein stilistisch durchgearbeitetes, wenn auch nicht abgeschlossenes Manuskript eines seiner wichtigsten Autoren einfach in der Versenkung verschwinden zu lassen. Weniger verständlich war allerdings die Entscheidung, die neue Edition dem gleichen Herausgeber zu übertragen, der *Versuch, einen Vater zu finden* für den einzig publizierenswerten Teil des Manuskripts hielt. Sie wiegt um so schwerer, als Mecklenburg in den acht Jahren zwischen den beiden Editionen offenbar kein neues, konstruktiveres Bild von dem Text gewonnen hat. Obwohl die 1989 vorgenommene Bewertung des hinterlassenen Konvoluts unter dem Vorbehalt erfolgte, der »Stand der Erschließung von Uwe Johnsons schriftstellerischem Nachlaß« sei »vorläufig noch ganz in den Anfängen befindlich«,[20] gibt die sieben Jahre später besorgte Edition zu erkennen, dass Mecklenburgs 1989er Thesen keineswegs »vorläufig« waren, sondern endgültige Urteile über den Text darstellten. Alle Schlagworte von der »Kurzfassung der *Jahrestage*«,[21]

18 Ebd., S. 110.

19 Ebd., S. 117. Eine der vielen Ungereimtheiten dieses Aufsatzes besteht darin, dass die hier erst angekündigte Veröffentlichung bereits im Jahr zuvor erschienen war und im Text auch mehrfach zitiert wird. Vgl. ebd., S. 117, Anm. 14; S. 118, Anm. 24; S. 119, Anm. 47; S. 120, Anm. 71.

20 Ebd., S. 93.

21 Norbert Mecklenburg: Zur gemeinsamen Entstehung von *Heute Neunzig Jahr* und *Jahrestage*. Eine philologische Studie, in: HNJ, 147–193, hier: S. 155.

die »selbsttherapeutische Übung«,[22] die, genauer besehen, freilich nur »eine Übergangs- und Notlösung«[23] sein sollte, bis hin zur »Wette«,[24] die Johnson angeblich gewinnen wollte, finden sich in gleichlautenden Formulierungen dort wieder.

Dass sich hinter dem stilistisch penibel ausgearbeiteten Manuskript von *Heute Neunzig Jahr* ein eigenständiges Erzählprojekt verbergen könnte, ist dem Herausgeber nie in den Sinn gekommen, weil er durch eine im Stofflichen verhaftete Parallelstellenanalyse über den Befund einer Identität des Manuskripts mit den *Jahrestagen* nicht hinausgelangt ist. Das Fazit fällt 1989 und 1996 identisch aus: »Die zahlreichen, wenn auch meist unauffälligen Unstimmigkeiten und Abweichungen zwischen Parallelerzählungen in *Jahrestage* und in den beiden Nachlaßmanuskripten machen die Intention, die der Autor mit *Heute Neunzig Jahr* 1983/84 verbunden haben könnte, zu einem Rätsel.«[25]

Um die Lösung dieses Rätsels (die keineswegs unmöglich ist) sollte es jedem Leser gehen, der sich mit *Heute Neunzig Jahr* beschäftigt. Der umfangreiche Kommentarteil der Suhrkamp-Ausgabe bietet ihm dabei allerdings nur wenig Unterstützung. Während die Teiledition *Versuch, einen Vater zu finden* immerhin noch mit einem fünfzehnseitigen Anmerkungsapparat ausgestattet worden war, der die intensive Quellennutzung Johnsons objektiv dokumentiert,[26] enthält die Ausgabe von *Heute Neunzig Jahr* keinerlei Stellenanmerkungen. Hingegen werden dem Leser in einer umfangreichen philologischen Studie die manchmal umformulierten, öfter aber wörtlich übernommenen Thesen Mecklenburgs von 1989 unterbreitet,[27] die mit dem Satz schließen: »*Versuch, einen Vater zu finden* ist bei aller Verflechtung mit *Jahrestage* [...] ein lesenswerter Text und ein wertvolles Zeugnis des zu früh beendeten erzählerischen Schaffens von Uwe Johnson.«[28] Ein Fazit, das weder den ästhetischen Eigenwert von *Heute Neunzig Jahr* angemessen zum Ausdruck bringt noch zu erklären vermag, warum es der Suhrkamp Verlag nicht bei der 1988er Publikation beließ, sondern der Leserschaft den Gesamttext einer rätselhaften »Vorstufe« der *Jahrestage* in einer leinengebundenen Ausgabe zur Verfügung gestellt hat.

Wenn man bedenkt, dass der Herausgeber kürzlich in anderem Zusammenhang eine Lanze für eine »gut nachvollziehbare Interpretation« gebrochen hat,

---

22 Ebd., S. 163.

23 Ebd., S. 164.

24 Ebd., S. 191.

25 Mecklenburg (Anm. 10), S. 94; vgl. Mecklenburg (Anm. 21), S. 151.

26 Vgl. Johnson (Anm. 7), S. 51–65.

27 Die einzige tatsächlich neue Information gegenüber dem 1989er Aufsatz ist der Hinweis, dass Johnson für das Manuskript auch Viktor Klemperers *LTI* konsultiert habe. Vgl. Mecklenburg (Anm. 21), S. 161f.

28 Ebd., S. 193.

»die alle Textelemente und Leerstellen maximal zu integrieren vermag«,[29] so fällt auf, dass seine Herausgeberleistung im Fall von *Heute Neunzig Jahr* – gemessen an diesem Ideal – nicht völlig überzeugen kann. Denn keine einzige der Fragen, welche die Existenz eines mehrfach überarbeiteten und von Johnson zur Publikation angekündigten Manuskripts aufwerfen muss, wird von ihm auf eine das gesamte Material integrierende Weise beantwortet: Warum hat Johnson 1975 parallel zu den *Jahrestagen* einen damit offensichtlich verwandten Erzählstoff zu bearbeiten begonnen und in einem getrennten Manuskript festgehalten? Worin besteht dessen poetischer Mehrwert gegenüber dem Roman? Warum hat Johnson die Arbeit im Sommer 1975 unterbrochen? Und: Wieso hat er dieses Manuskript Ende 1983 wieder hervorgeholt, um daraus bis zum Mai 1984 ein Buch zu machen?

Bevor ich in einer Neuinterpretation von *Heute Neunzig Jahr* diesen Fragen im Einzelnen nachgehen werde, möchte ich mich mit Mecklenburgs Thesen auseinander setzen. Das geschieht – darauf lege ich Wert – nicht aus Beckmesserei, sondern weil die Herausgeberdeutungen bis heute den allseits akzeptierten Maßstab für die Beurteilung von *Heute Neunzig Jahr* darstellen,[30] obwohl sie großenteils *nicht* dazu beitragen »den entstehungsgeschichtlichen Zusammenhang aufzuklären«,[31] sondern diesen vielmehr verdunkeln und interessierten Lesern den Zugang zum Text erschweren.[32]

29 Norbert Mecklenburg: Der Fall *Judenbuche*. Revision eines Fehlurteils, Bielefeld 2008, S. 59.

30 Vgl. die Arbeiten von Bond (Anm. 4) und Wilde (Anm. 5). Matthias Wilde versucht zwar aus Mecklenburgs Deutungsschema herauszukommen und wendet sich völlig zu Recht gegen dessen »werkgenetische Fortschrittsthese« (S. 146), welche die vollendeten *Jahrestage* zur allein gültigen Norm erklärt. Da er aber den eigenständigen Charakter von Johnsons Nachlasstext nicht wahrnimmt, stimmt er letztlich Mecklenburgs Vorstufenthese doch zu. Auch Roman Bucheli protestiert im Nachwort der Neuausgabe gegen die Behauptung, *Heute Neunzig Jahr* sei »lediglich [...] ein ›Seitenstück‹ zu *Jahrestage*«. Abhängig von der Herausgeberdeutung, kann auch er aber nur auf Mecklenburgs These einer »verschollene[n] Vorlage« verweisen (Bucheli [Anm. 2], S. 159).

31 Mecklenburg (Anm. 21), S. 193.

32 Wildes Vermutung, *Heute Neunzig Jahr* habe deshalb »weiter keine Beachtung gefunden«, weil »es sich um ein aus dem Nachlass herausgegebenes und nicht autorisiertes Erzählfragment handelt« (Anm. 5, S. 150), ist nur teilweise richtig. In erster Linie ist das Werk einer Edition zum Opfer gefallen, die es nicht vermochte, den literarischen Eigenwert des Textes angemessen zur Geltung zu bringen. Dass es bei den getroffenen Urteilen bleibt, hat Mecklenburg durch eine neuerliche – dritte – Variante des Aufsatzes von 1989 sicherzustellen gesucht. Das ursprüngliche Fragezeichen im Titel ist dabei weggefallen. Vgl. Norbert Mecklenburg: Ergänzung, Variante, Vorstufe, in: ders.: Nachbarschaften mit Unterschieden, München 2004, S. 145–179.

III.

Im Frühjahr 1975 beginnt Uwe Johnson mit der Niederschrift eines damals noch unbetitelten neuen Erzählwerkes. Er bedient sich dabei seines üblichen Verfahrens: Am oberen Rand wird zunächst ein Datum festgehalten, dann beginnt der Text, eng gesetzt, mit einem breiten Rand auf der linken Seite, für etwaige Korrekturen. Auf diese Weise entstehen 78 Typoskriptseiten (ergänzt durch 7 Blätter mit Verbesserungen), die bis Blatt 36, das laut Kopfzeile am 16. Juni 1975 entstand, datiert sind, danach bricht die Datierung ab.[33] Für alle Leser, die mit Johnsons schriftstellerischen Gepflogenheiten vertraut sind, ist diese Beschaffenheit des Manuskripts ein untrügliches Zeichen für den Beginn der Arbeit an einem eigenständigen Werk. Der nahe liegende Schluss kann nur sein, dass Johnson keine »Ergänzung, Variante« oder gar »Vorstufe« der *Jahrestage* ›bearbeitete‹, sondern ein unabhängiges, neues Erzählprojekt begann, das getrennt von der Arbeit an den *Jahrestagen* entworfen und in einem eigenen Manuskript festgehalten wurde. Johnson benötigte für die Arbeit an diesem Werk keine nicht mehr vorhandene »Vorstufe«[34] der *Jahrestage*, denn das Material, das in *Heute Neunzig Jahr* auf eine konzeptionell neue Weise erzählerisch dargeboten wird, lag *in toto* in den damals veröffentlichten drei Bänden der *Jahrestage* bereit. Mecklenburgs wiederholte Behauptung einer »zeitliche[n] Priorität«[35] von *Heute Neunzig Jahr* gegenüber den *Jahrestagen* ist spekulativ, unplausibel und in sich widersprüchlich.

Wenn das am 28. April 1975 von Johnson begonnene Manuskript auf eine verschollene »Vorstufe« zurückgehen sollte, warum trägt dann T1 von der Texteinrichtung bis zur Datierung alle Merkmale eines johnsonschen Originalmanuskripts? Warum hat Johnson den angeblich aus einer verlorenen Vorlage destillierten Text nicht ebenfalls ganzseitig zu Papier gebracht, wie er es mit dem Filialtext T2 (der Abschrift von T1) tat oder tun ließ? Dass die ominö-

---

33 Mecklenburg, in: HNJ, 143.

34 Mecklenburg benutzt diesen Begriff unter Berufung auf Siegfried Unseld. Der hatte in einem Aufsatz eine »Vorstufe der Arbeit von 126 Seiten« erwähnt und damit – korrekterweise – das Manuskript von *Heute Neunzig Jahr* im Status seiner Unabgeschlossenheit gemeint. Daraus wurde bei Mecklenburg dann die Idee einer »Vorstufe von *Jahrestage*«, die Unseld so niemals geäußert hat. Vgl. Siegfried Unseld: Uwe Johnson als Partner seiner Figuren. Anmerkungen zur Poetologie, in: Horst Dieter Schlosser, Hans Dieter Zimmermann (Hg.): Poetik. Essays über Ingeborg Bachmann, Peter Bichsel, Heinrich Böll, Hans Magnus Enzensberger, Wolfgang Hildesheimer, Ernst Jandl, Uwe Johnson, Marie Luise Kaschnitz, Hermann Lenz, Paul Nizon, Peter Rühmkorf, Martin Walser, Christa Wolf und andere Beiträge zu den Frankfurter Poetik-Vorlesungen, Frankfurt am Main 1988, S. 81–92, hier: S. 83; Mecklenburg (Anm. 10), S. 94; Mecklenburg (Anm. 21), S. 152.

35 Mecklenburg (Anm. 10), S. 102; Mecklenburg (Anm. 21), S. 170.

se »Vorstufe« von T1 »vor 1967«[36] – oder doch erst »vor 1970«?[37] – entstanden und eine »Urfassung von *Jahrestage* selbst«[38] sein soll, wird durch den Hinweis auf notwendigerweise später erfolgte »Zusätze«[39] nicht überzeugender. Nicht einleuchtend ist die gesamte Vorstufen-Konstruktion überdies beim Blick auf eine produktionsästhetische Eigenart, die auch dem Herausgeber bekannt war: Johnson nämlich hat »ohne jede Aufzeichnung, wie es seiner Schaffensweise seit je entsprach, die Daten der Lebensläufe der Cresspahls bis 1978 und darüber hinaus bereits komplett beisammen gehabt«.[40] Wenn dem so war, wozu – so muss sich jeder Leser fragen – sollte Johnson sich dann bei der Abfassung des Werkes mit einer (nirgendwo nachweisbaren) »Vorstufe« der *Jahrestage* herumgeschlagen haben, die er als »Steinbruch«[41] ausgebeutet haben soll? Die Hypothese eines solchen Textes kann nach Prüfung des hinterlassenen Materials getrost fallen gelassen werden; sie ist für das Verständnis von *Heute Neunzig Jahr* schlicht überflüssig.

Geradezu zwingend notwendig wird diese These erst, wenn Interpreten in dem Projekt *Heute Neunzig Jahr* keinen Sinn erkennen können, weil sie der Überzeugung sind, dass die Erzählform dieses Werkes »in *Jahrestage* aufgehoben ist«.[42] In diesem Fall stellt sich die unabweisbare Frage: Was hat Johnson mit dem im Frühjahr 1975 begonnenen Manuskript überhaupt vorgehabt? Mecklenburg kann darin nur »eine Übergangs- und Notlösung« erkennen, »um in schwerer Krise das Schreiben am Cresspahl-Projekt [gemeint sind die *Jahrestage*, U.K.] nicht ganz aufzugeben«[43] – eine Behauptung, deren Notbehelfscharakter mit einem Blick auf die Entstehungszeit des Manuskripts erwiesen werden kann. Begonnen hatte Johnson die Arbeit am 28. April 1975. Bis zum 16. Juni entstehen 36 Blätter, dann bricht die Datierung ab; die Arbeit wurde unterbrochen und vermutlich erst im Herbst[44] wieder aufgenommen. Das bedeutet: *Heute Neunzig Jahr* ist (1) vor Herzinfarkt und Schreibblockade (die erst am 18. Juni 1975[45] erfolgte) in Angriff genommen worden und stellt darüber

36 Mecklenburg (Anm. 10), S. 109.

37 Mecklenburg (Anm. 21), S. 175.

38 Vgl. Mecklenburgs Randnotiz in dem 1992 veröffentlichten Auszug aus *Heute Neunzig Jahr*. Uwe Johnson: Zurück in die Heimat und weg aus ihr. Ein unveröffentlichter Text von Uwe Johnson, in: DU. Die Zeitschrift der Kultur 10 (1992), S. 68–71, hier: S. 71.

39 Mecklenburg (Anm. 21), S. 175.

40 Mecklenburg (Anm. 10), S. 93.

41 Ebd., S. 110.

42 Mecklenburg (Anm. 21), S. 192.

43 Ebd., S. 164.

44 So Mecklenburg unter Verweis auf einen Brief Johnsons an Alice Hensan vom 27. 11. 1975. Vgl. Mecklenburg (Anm. 21), S. 149.

45 »Es ist heute auf den Tag drei Monate her, dass mir das passierte«, schreibt Johnson am 18. September an Siegfried Unseld. Vgl. Uwe Johnson – Siegfried Unseld: Der Briefwechsel, hg. von Eberhard Fahlke und Raimund Fellinger, Frankfurt am Main 1999, S. 877.

hinaus (2) nicht die Rettung aus der Krise dar, sondern war davon in gleicher Weise betroffen wie der Roman – was nicht überraschen kann, wenn man bedenkt, dass beide Texte eine Gesine Cresspahl zum Mittelpunkt haben, mit der die fiktionale Kommunikation, Johnsons Angaben in den *Begleitumständen* zufolge,[46] seither gestört war. Überhaupt ist die Idee einer schreibenden ›Selbsttherapie‹ zwar immer wieder – nicht zuletzt vom Verleger, der die erwartbaren Resultate gern publiziert hätte – an Johnson herangetragen worden.[47] Für Johnson selbst war das Schreiben – im Anschluss an Max Frisch – jedoch »Kraftüberschuss« (BU, 452), zu dem er sich nach der »Beschädigung der Herzkranzgefässe« (BU, 451) vorerst nicht mehr in der Lage sah. Sein bestürzendes Verstummen in der Zeit nach dem 18. Juni 1975 gibt wenig Anlass, an dieser Aussage zu zweifeln.

Mecklenburgs angeschlossene Vermutung, Johnson habe mit der selbsttherapeutischen Notlösung die »Sicherung des im Kopf bereits weitgehend Fertigen«[48] vornehmen wollen, ist gleichermaßen problematisch. Denn gesichert werden musste da gar nichts mehr. Wie der Herausgeber an anderer Stelle richtig feststellt, »war doch das Projekt *Jahrestage* bereits mit dem schon zwei Jahre zuvor fertig gestellten dritten Band über den Erzählstoff hinaus, den Johnson 1975 in [*Heute Neunzig Jahr*] bearbeitete«.[49] Man sieht: Alle mit großem Philologenfleiß[50] angestrengten Bemühungen um die Sinngebung des Sinnlosen können nichts fruchten, wenn man von der Prämisse ausgeht, *Heute Neunzig Jahr* erzähle »*dasselbe*, was er [Johnson] in *Jahrestage* schon veröffentlicht hatte«.[51]

Der letzte strittige Punkt betrifft die angekündigte Wiederaufnahme der Arbeit unter dem nun vorhandenen Titel *Heute Neunzig Jahr* im Herbst 1983. Verständlich ist dieser Entschluss Johnsons für Mecklenburg nur als Versuch, eine »Wette« zu gewinnen, mit der er viel Geld verdient hätte. Was sagt der Briefwechsel zu dieser Hypothese? Am 2. September 1983 schreibt Unseld an Johnson: »Wir haben folgendes vereinbart: Umfang 200 bis 300 Seiten, Ablieferungstermin: spätestens 15. Mai 1984. [...] Als Honorar vereinbarten wir ein Garantiehonorar von 100.000,-, das beim Ablieferungstermin Deinem Konto

46 Vgl. BU, 452.

47 »Ich bedrängte ihn ständig, über das zu schreiben, was ihm das Schreiben verwehrte. Wir hatten in diesem Punkt Auseinandersetzungen, die an die Grenze unserer Freundschaft rührten.« (Siegfried Unseld: Uwe Johnson: »Für wenn ich tot bin«, Frankfurt am Main 1992, S. 16)

48 Mecklenburg (Anm. 21), S. 163.

49 Mecklenburg (Anm. 10), S. 99.

50 Die Fülle von Einzelbeobachtungen zu den Parallelstellen von *Heute Neunzig Jahr* und *Jahrestage* sowie dem von Johnson dafür benutzten Quellenmaterial zeugen von Mecklenburgs in der Tat beeindruckender Textkenntnis, stellen in der Summe der daraus abgeleiteten Schlüsse aber leider vor allem unter Beweis, dass hier jemand den Wald vor Bäumen nicht gesehen hat.

51 Mecklenburg (Anm. 21), S. 164.

gutgeschrieben wird.«[52] Von einer »Wette«, die Uwe Johnson »um des schriftstellerischen Überlebens willen«[53] eingegangen sein sollte, findet sich in dem Brief – wie auch in der übrigen Korrespondenz – kein Wort. Erkennbar ist allerdings, dass der Verleger nach dem lang ersehnten Abschluss der *Jahrestage* seinem Autor äußerst großzügig entgegenkam, indem er das nächste von Johnson geplante Erzählprojekt weit über Wert der daraus erwartbaren Verkäufe zu honorieren bereit war.

Ich weise an dieser Stelle darauf hin, dass die in der Johnson-Forschung immer wieder kolportierte (und durch die obige Vereinbarung scheinbar gestützte) Ansicht, Unseld hätte auf Johnson materiellen Druck ausgeübt und diesen dadurch zur schriftstellerischen Produktion quasi ›genötigt‹ – darauf spielt unausgesprochen auch Mecklenburg mit seiner Überlebensthese an – bei genauer Kenntnis der Sachlage nicht zutrifft.[54] Sosehr ihn seine Schulden beim Verlag auch belasteten, war Johnson von den versprochenen 100 000 DM keineswegs so abhängig, dass er bis zum Mai 1984 unbedingt etwas hätte liefern müssen; gleich gar nicht war er gezwungen, ein liegen gebliebenes Manuskript hervorzuziehen, um daraus (gegen besseres poetisches Gewissen) ein Buch zu machen. Vielmehr war Johnson bereits im April 1983 zugesichert worden, Unseld sei bei Ablieferung von *Jahrestage 4* bereit, »ihm die monatlichen DM 3000,- für die Dauer von drei Jahren zu bezahlen«.[55] Da Johnson das Ablieferungs-Versprechen diesmal einhielt und der Abschlussband im Herbst 1983 erscheinen konnte, war seine materielle Situation auf absehbare Zeit gesichert. Ein anderer Grund als seine freie Entscheidung zum Abschluss eines begonnenen, aber bis zur Vollendung der *Jahrestage* liegen gebliebenen Erzählwerks ist somit nirgends nachweisbar. Dass für die Fortsetzung der Arbeit an *Heute Neunzig Jahr* keine Wette maßgeblich war, bestätigt auch ein Brief Johnsons vom 23. Dezember 1982, in dem er den Verleger erstmals über das Projekt informierte:

Es ist nämlich so, dass ich neben oder nach den *Jahrestagen* noch eine weiter führende Sache fertig machen möchte, die zu diesem Buch etwa sich verhält wie

52 Briefwechsel Johnson – Unseld (Anm. 45), S. 1073.

53 Mecklenburg (Anm. 10), S. 110.

54 Der vehementeste Vertreter dieser Meinung ist Werner Gotzmann: »Faktisch hatte er [Unseld] Uwe Johnson [...] das Messer an die Kehle gesetzt.« (Werner Gotzmann: Uwe Johnsons Testamente oder Wie der Suhrkamp Verlag Erbe wird, Berlin 1996, S. 68)

55 Briefwechsel Johnson – Unseld (Anm. 45), S. 1065.

Eine Reise wegwohin zu *Das dritte Buch über Achim*. Für dieses Unternehmen glaube ich ungefähr sechs Monate zu benötigen [...].[56]

Worin die, durch den Vergleich bereits angedeutete, Programmatik von *Heute Neunzig Jahr* – denn das ist die »weiter führende Sache« – besteht und inwiefern sie tatsächlich ›weiter führt‹ als die *Jahrestage*, soll im Folgenden erwiesen werden.

IV.

Auf die ersten Sätze eines Erzählwerkes hat Uwe Johnson – das ist nicht nur als poetologische Äußerung,[57] sondern auch durch die Anfänge aller seiner Bücher bezeugt – stets großen Wert gelegt. Wer aufmerksam für diese Konstante in Johnsons Schaffen ist, wird den programmatischen Eröffnungscharakter nicht verkennen, mit dem im ersten Absatz von *Heute Neunzig Jahr* das erzählerische Pensum umrissen wird:

Auswendig gelernt, die äussere Kruste des Gewesenen, gezwängt in die Kette der Jahre, die zurückrasselt in den Brunnen. Statt der Wahrheit Wünsche an sie, auch Gaben von der Katze Erinnerung, dem Gewesenen hinterher schon durch die Verspätung der Worte, nicht wie es war, bloss was ich davon finden konnte: 1888. 1938. 1968. Damals. (HNJ, 7)

In parataktischer Reihung paraphrasiert der erste Satz, elliptisch verknappt, was landläufig unter ›Geschichte‹ verstanden wird: historische Fakten.[58] »Auswendig« lernen musste Gesine im Schulunterricht seinerzeit ein Geschichtswissen, das als lediglich »äussere Kruste des Gewesenen« historisches Verständnis auf eine »Kette der Jahre« reduzierte.[59] Der »Brunnen«, in den diese »zurückras-

56 Ebd., S. 1034f. Diese wichtige – und seit der Publikation des Briefwechsels zwischen Johnson und Unseld leicht zugängliche – Absichtserklärung Johnsons wird von Mecklenburg in allen Publikationen zu *Heute Neunzig Jahr* konsequent ignoriert, weil sie nicht zu seiner Vorstufen-These passt.

57 Uwe Johnson: *Wenn Sie mich fragen ... (Ein Vortrag)*, in: Eberhard Fahlke (Hg.): »Ich überlege mir die Geschichte...«. Uwe Johnson im Gespräch, Frankfurt am Main 1988, S. 51–64, hier: S. 55.

58 Dem Erzählauftakt ablehnend gegenüber stehende Interpreten, denen die Stilmittel Parataxe und Ellipse unbekannt geblieben sein müssen, entdecken hier nicht mehr als eine »etwas dick aufgetragene Metaphorik (wie kann man eine Kruste auswendig lernen und in eine Kette zwängen)«. Vgl. Norbert Mecklenburg: Die Erzählkunst Uwe Johnsons. *Jahrestage* und andere Prosa, Frankfurt am Main 1997, S. 445.

59 Dass dieser erste Satz kein emphatisches, sondern ein reduktionistisches Geschichtsverständnis beschreibt, hat auch Roman Bucheli erkannt (Bucheli [Anm. 2], S. 161).

selt«, bezieht sich unverkennbar auf Thomas Manns Roman *Joseph und seine Brüder*, bedeutet gleichwohl aber keine nur schmückende »Anspielung«,[60] sondern enthält unübersehbar ein Motiv der Distanzierung. Denn während der *Joseph*-Roman das ausformuliert, was Thomas Mann das zitathafte »Leben im Mythus«[61] nannte, sind es in *Heute Neunzig Jahr* politische, soziale und familiengeschichtliche Zusammenhänge und Bindungen, über deren Auswirkungen auf die einzelne Biografie sich eine begrenzt erinnernde Protagonistin – und kein allwissender Erzähler – Klarheit zu verschaffen sucht.

Das Modell, von dem sich die Vergangenheitserkundung der Erzählerin in *Heute Neunzig Jahr* absetzt, ist damit einerseits eine mythische Geschichtsdeutung. Abgelehnt wird aber auch eine Historiographie nach dem Vorbild eines der Gründerväter der modernen Geschichtswissenschaften, Leopold von Ranke, dessen Anspruch einem berühmten Zitat zufolge darin bestand zu erzählen, »wie es eigentlich gewesen«[62] ist. Gesine hingegen erzählt »nicht wie es war«.[63] Anliegen ihrer Erzählung ist keine überindividuelle historische »Wahrheit«, vielmehr kalkuliert sie ihr subjektives Wunschdenken ebenso mit ein, wie sie sich von einer kontingenten Erinnerung – die wie auch in den *Jahrestagen* als »Katze« apostrophiert wird – und einer nur nachträglich benennenden Sprache in ihrer Suche eingeschränkt sieht.

Drei Jahreszahlen am Schluss des Eröffnungsabsatzes stecken das Feld ab, das Gesine in ihren Nachforschungen interessiert: eine Vergangenheit, die für sie im Geburtsjahr ihres Vaters Heinrich Cresspahl einsetzt (1888), als zweite chronologische Markierung das Jahr des Selbstmords ihrer Mutter nennt (1938) und mit dem Jahr 1968 schließlich auch die erzählte Zeit des Romans *Jahrestage* in eine mit dem Zeitadverb »Damals« umreißbare Ferne rückt. Als Uwe Johnson nach Abschluss der *Jahrestage* 1983 wieder an *Heute Neunzig Jahr* zu arbeiten begann, bezeichnete er das Werk als »eine Art tabellarischer Lebenslauf für die gesamte Familie Cresspahl seit 1888«.[64] Diese Äußerung dokumentiert die

60 Mecklenburg (Anm. 58), S. 445. Wilde verweist auf die in beiden Werken thematisierte »Schwierigkeit, Vergangenes wieder ans Tageslicht zu fördern« (Wilde [Anm. 5], S. 151). Das ist formal soweit richtig, stiftet aber keinen übergreifenden Zusammenhang, weil in beiden Werken ganz verschiedene Vergangenheiten gesucht und auf unterschiedlichen narrativen Wegen präsentiert werden.

61 Thomas Mann: *Freud und die Zukunft*, in: ders.: *Gesammelte Werke*, Bd. 9, Frankfurt am Main 1990, S. 478–501, hier: S. 497.

62 Hier zit. nach: Johannes Süssmann: Geschichtsschreibung oder Roman? Zur Konstitutionslogik von Geschichtserzählungen zwischen Schiller und Ranke (1870–1824), Stuttgart 2000, S. 248.

63 Wer dieses im Modus der Negation behandelte Ranke-Zitat bemerkt hat, muss skeptisch auf Versuche reagieren, Johnson vom Schriftsteller zum »Historiker« umzudeuten. Vgl. Mecklenburg (Anm. 58), S. 433.

64 Hans Daiber: Die Cooperation mit Gesine. Interview mit Uwe Johnson, in: Michael Bengel (Hg.): Johnsons *Jahrestage*, Frankfurt am Main 1985, S. 129–132, hier: S. 132.

konzeptionelle Kontinuität bei der Arbeit am 1975 begonnenen, dann aber bis zur Beendigung der *Jahrestage* zurückgestellten Erzählwerk *Heute Neunzig Jahr*. Die im Eröffnungsabsatz genannten Jahreszahlen belegen – übereinstimmend mit der Auskunft von 1983 –, dass »die gesamte Familie Cresspahl« Gegenstand des Erzählens werden sollte – und nicht nur der Vater, wie die Edition des Anfangsteils von 1988 glauben machen wollte.[65] Unter strukturellem Gesichtspunkt betrachtet, war diese (von heute aus gesehen scheinbar nur redundante) Herausgabe eine folgenreiche Fehlentscheidung, weil dadurch das Bewusstsein für den im Manuskript verbürgten Zusammenhang des gesamten Erzählfragments zerstört wurde.[66] Sie erhebt Johnsons pragmatischen Entschluss, aus einem im Entstehen begriffenen, unbetitelten Werk im Rahmen einer Radiolesung einen Ausschnitt unter dem Vorlese-Titel *Versuch, einen Vater zu finden* vorzutragen,[67] in den Rang eines (niemals so geplanten) Werkes.

Unbestritten bleibt, dass auch die Anfangspassagen, in denen sich Gesine mit der Herkunft ihres Vaters Heinrich Cresspahl beschäftigt, poetisch eindrucksvolle Partien enthalten. Entfalten sie doch das im Eröffnungsabsatz proklamierte Vorhaben eines von den Daten der politischen Geschichtsschreibung ausgehenden Erzählens, dem Gesine die ihr subjektiv wichtigen Ereignisse einfügt. Die mit dem Geburtstag eines in der Residenz zur Welt gekommenen »Herzog Adolf Friedrich« (HNJ, 7) terminlich zusammenfallende Geburt ihres Vaters am 10. Oktober 1888 auf einem mecklenburgischen Gutshof erscheint der Ich-Erzählerin nicht als nur privat-familiäres Ereignis. Bereits in die Namensgebung ihres Vaters regierte ein herrschaftlicher Befehl hinein, der die Unterworfenheit der Existenz des Einzelnen unter gesellschaftliche Hierarchien und dadurch bewirkte Zwänge kenntlich macht:

Wo sall de Jung denn heiten, näum' S' em Johann, hei kümmt ja doch bi de Pier. Auf Johann Heinrich Cresspahl wurde das Kind getauft, in Demut nach dem herrschaftlichen Befehl, in Trotz nach dem Vater. Der Junge wurde mit seinem zweiten Namen gerufen, er sollte nicht zu den Pferden. (HNJ, 7)[68]

65 In Mecklenburgs Schriften, die an vielen Stellen auf *Heute Neunzig Jahr* zu sprechen kommen, firmiert das Werk nahezu durchgängig unter dem Titel *Versuch, einen Vater zu finden*.

66 Damit soll nicht bezweifelt werden, dass die Tonaufnahme der Lesung ein wichtiges Hör-Dokument darstellt.

67 Wie variabel Johnson diesen Titel für verschiedene Anlässe modifizierte, zeigt sich daran, dass er die erste Radiolesung *Versuch, einen Vater zu finden*, die zweite *Versuch, meinen Vater zu finden* betitelte. Vgl. Mecklenburg, in: HNJ, 144.

68 Das schließt allerdings nicht aus, dass Cresspahl, Gesines Erinnerung zufolge, das Wissen um seine Herkunft sehr wohl bewahrt hat und im ersten Weltkrieg für seinen »Pferdeverstand [...] ausgezeichnet« (HNJ, 37) wird.

Die Wunscherinnerung Gesines entwirft damit ein Bild des Vaters, dessen Rufname dem anderslautenden Gebot der adeligen Herrschaft abgetrotzt wurde und der ihr von vornherein als Widerspruchscharakter gilt, als jemand, der sich mit der sozialen Benachteiligung seiner Herkunft nicht abfinden und sein Leben selbst gestalten wollte. Im Lauf der Erzählung fördern Gesines Nachforschungen den Lebensweg eines Mannes zutage, der entgegen gutsherrlicher Weisung kein Stallknecht wurde, sondern ab 1902 für »einen wöchentlichen Lohn von zwei Mark« (HNJ, 23) in Malchow eine Tischlerlehre aufnahm, ab 1909 vermutlich auf Wanderschaft ging (HNJ, 28), und schließlich seit »Ende 1926« (HNJ, 57) in England lebt, von wo aus er im Herbst 1931 eine Deutschlandreise unternahm, auf der er eine Lisbeth Papenbrock kennen lernt, seine spätere Frau, Gesines Mutter.

Mit diesen Schilderungen, die ziemlich genau die Hälfte des Fragments ausmachen, ist die Handlung von *Heute Neunzig Jahr* bis zu dem Punkt vorgerückt, an dem in den *Jahrestagen* die Erzählung von der Bekanntschaft und nachfolgenden Ehe von Gesines Eltern einsetzt, deren wichtigste Stationen in der zweiten Hälfte von *Heute Neunzig Jahr* ausgebreitet werden und bei flüchtigem Betrachten tatsächlich als »Variante« zur *Jahrestage*-Handlung erscheinen könnten. Betrachtet man die Konzeption mit Blick auf die Identität der Figuren und Erzählräume beider Werke, so stellt sich die Frage nach dem erzählerischen Mehrwert, der Johnsons Ankündigung von *Heute Neunzig Jahr* als einer »weiter führenden Sache« gerechtfertigt erscheinen lässt. In der Tat ist es so, dass nicht nur die Personen und deren zur Rekonstruktion anstehende Geschichte der Jahre 1931 bis 1968 in beiden Erzählwerken kongruent sind; auch die erzählerische Methode scheint vergleichbar, denn beide Male versucht die Protagonistin Gesine Cresspahl, einmal mit, einmal ohne Unterstützung ihrer zwischenfragenden Tochter, die familiäre Geschichte im soziokulturellen Kontext aufzuklären und sich damit ihrer Herkunft zu versichern. Worin – so ist also zu fragen – liegt der poetische Zugewinn, den Johnson mit *Heute Neunzig Jahr* über *Jahrestage* hinaus zu erzielen gedachte und: wie hat er ihn erzielt?

Im Nachwort der Neuausgabe macht Roman Bucheli darauf aufmerksam, dass Heinrich Cresspahl in Johnsons vorausgegangenem Erzählwerk zwar als »überragende Vaterfigur«[69] im Hintergrund präsent ist, aber weder in den *Mutmassungen* noch in den *Jahrestagen* im eigentlichen Fokus der Erzählung stand. Da diese These der angeblichen Vatersuche als Hauptanliegen Gesines verhaftet bleibt, möchte ich im Folgenden einen Komplex untersuchen, dessen Thematisierung in *Heute Neunzig Jahr* unter einem fundamental anderen Vorzeichen erfolgt als in den *Jahrestagen*, sodass es nicht allein berechtigt, sondern dringend geboten scheint, das Nachlassfragment als jene »weiter führende Sa-

69 Bucheli (Anm. 2), S. 160.

che« zu verstehen, die Johnson mit dem Buch voranzutreiben gedachte. Indikator dafür ist der Tod von Gesines Mutter, auf dessen Jahreszahl der erste Absatz der Erzählung als zentrales mittleres Datum hinweist: 1938.

V.

Um die signifikante Differenz in der Thematisierung dieses Ereignisses im Erzählzusammenhang von *Jahrestage* und *Heute Neunzig Jahr* zu verdeutlichen, muss ich etwas weiter ausholen und zunächst einen Blick auf die Erzählform der *Jahrestage* werfen, die sich vom Schema der erinnernden Ich-Erzählung der Protagonistin Gesine in *Heute Neunzig Jahr* deutlicher unterscheidet, als das auf den ersten Blick der Fall zu sein scheint. Bekanntlich wird in den *Jahrestagen* in 367 Einzelkapiteln einerseits das Leben von Gesine Cresspahl im New York des Jahres 1967/68 auf einer Gegenwartsebene mit einem Berufsalltag in der Bank, Fahrten mit der U-Bahn, Zeitungslektüre und vielen weiteren alltäglichen Verrichtungen minutiös dargestellt. Gleichzeitig rekonstruiert der Roman die Vergangenheit dieser Figur und ihrer Familie im Raum deutscher Geschichte von der Endphase der Weimarer Republik, in der sich die Eltern kennen lernen, über die Zeit des Nationalsozialismus – im Jahr der Machtergreifung wird Gesine geboren – bis in die Zeit der frühen DDR, die Gesine 1953 verlässt, um zunächst in der Bundesrepublik, ab 1962 dann in New York zu leben.

Angelegt ist diese Erzählung, die natürlich auch als Epochenpanorama deutscher bzw. amerikanischer Geschichte im 20. Jahrhundert gelesen werden kann, als ein *Bewusstwerdungsprojekt*, in dessen Verlauf Gesine versucht »das Kind das [sie] war«[70] wieder zu finden und so eine bislang unbekannte oder verdrängte Lebensgeschichte neu zugänglich zu machen. Dieser Versuch der erzählerischen Selbstaufklärung qua Erinnerung macht aus den *Jahrestagen* ein Projekt mit utopischem Anspruch, bei dem freilich zu bedenken bleibt, dass ein solches Unterfangen ohne Hilfe von dritter Seite kaum zu leisten wäre, denn eine unbekannte – oder gar verdrängte – Vergangenheit ist nach den Befunden der modernen Psychologie ohne Unterstützung von außen nicht ohne weiteres zugänglich zu machen.[71] Und genau diesem Problem trägt der Roman durch seine Basisfiktion Rechnung. Die Gesine Cresspahl der *Jahrestage* ist nämlich *kein* souverän erinnerndes Subjekt wie die Ich-Erzählerin in *Heute Neunzig*

70 Vgl. Uwe Johnson: *Jahrestage. Aus dem Leben von Gesine Cresspahl*, Bde. I–IV, Frankfurt am Main 1988, S. 8, vgl. auch S. 270, 489, 888, 1017, 1037, 1048, 1097, 1450, 1474, 1743, 1891. Die *Jahrestage* werden im Folgenden zit. als JT, Seite.

71 Dass der Roman eine solche psychoanalytische Dimension durchaus im Programm hat, belegt das Auftreten des Analytikers A. M. (JT, 1538–1541 und 1856f.).

Jahr, sondern stützt sich bei der Rekonstruktion ihrer Vergangenheit auf die Hilfe eines vielzitierten »Genosse[n] Schriftsteller« (JT, 253), dessen Einführung ins Erzählgeschehen kein »Spiel mit der Verfasserschaft«,[72] sondern eine von Johnson genau kalkulierte Notwendigkeit der Erzählung darstellt.[73]

Diese Konstruktion gilt es bei der Interpretation der Zentralstelle der *Jahrestage* im chronologischen Mittelkapitel des erzählten Jahres zu berücksichtigen. An diesem 20. Februar 1968 ist die Vergangenheitshandlung so weit vorangeschritten, dass die Erzählung auf den Tod von Gesines Mutter zu sprechen kommen muss, die sich am 9. November 1938, dem Tag der Judenpogrome, auf zeichenhafte Weise das Leben nahm. Im Verweisungszusammenhang der *Jahrestage* figuriert dieser Todesfall als eine komplexe Metapher für (1) den politischen ›Selbstmord‹ Deutschlands im Zeichen des Nationalsozialismus, (2) die deutsche Schuld gegenüber den Juden, aber auch (3) als Indikator der ureigensten Verstrickung der in Deutschland gebliebenen und damit für die nationalsozialistischen Verbrechen mit ›haftbaren‹ Familie Cresspahl.[74] Die Implikationen dieser Metaphorik sind von einer schlagwortartig urteilenden Sekundärliteratur oft nur am Rande wahrgenommen worden. Insbesondere die Figur Lisbeth Cresspahl, deren Suizid die zeitliche – und damit kompositorisch weit exponierte – Mitte der *Jahrestage* bildet, wurde von der auf Vatersuche ausgezogenen Johnson-Forschung weitgehend vernachlässigt und blieb deshalb den Nicht-Philologen überlassen. Weil Gesines Mutter für den »weiter führenden« Charakter von *Heute Neunzig Jahr* gegenüber den *Jahrestagen* eine Schlüsselrolle spielt, muss darauf hier eingegangen werden.

Die erste umfangreichere Interpretation zu Gesines Mutter stammt von der Theologin Hille Haker, die Lisbeths Leben »sub specie culpae«[75] als eine »Ver-

72 Mecklenburg (Anm. 10), S. 116; vgl. Mecklenburg (Anm. 21), S. 192.

73 An anderer Stelle habe ich zu zeigen versucht, dass der ›Erzählpakt‹ keine postmoderne ästhetische Marotte, sondern eine fundamentale Kategorie der Erzählung darstellt. Wer sie als solche nicht ernst nimmt, kann in den *Jahrestagen* zwar viele ›Geschichten‹ entdecken, wird aber nicht zu einem Verständnis des Buches als einem auch in der Wahl seiner formalen Mittel wohl austarierten Kunstwerk vordringen. Vgl. Ulrich Krellner: ›Was ich im Gedächtnis ertrage‹. Untersuchungen zum Erinnerungskonzept von Uwe Johnsons Erzählwerk, Würzburg 2003, S. 207–224. Nicht zuletzt weil Mecklenburg sich niemals konstruktiv mit der Frage nach dem Sinn des ›Erzählpaktes‹ befasst hat, der für ihn lediglich »innere Widersprüche« indiziert, konnte er auf die verhängnisvolle Idee kommen, dass *Heute Neunzig Jahr* kein eigenständiger Text, sondern »durch *Jahrestage* überholt war«. Vgl. Mecklenburg (Anm. 10), S. 116 und Mecklenburg (Anm. 21), S. 182.

74 Vgl. mein eben genanntes Buch (Anm. 73), das diese Dimension im Zusammenhang der bislang umfangreichsten Lisbeth-Deutung der *Jahrestage*-Forschung herausarbeitet (S. 234–262).

75 Hille Haker: Moralische Identität. Literarische Lebensgeschichten als Medium ethischer Reflexion. Mit einer Interpretation der *Jahrestage* von Uwe Johnson, Tübingen, Basel 1999, S. 239.

weigerung der Autonomie«[76] deutet. Den Stellenwert von Lisbeths Geschichte in den *Jahrestagen* glaubt sie

> einerseits als Versuch zu verstehen, sich aus der allzu engen Verstrickung zu befreien, andererseits aber der Mutter gerecht zu werden, indem sie gerade nicht nur aus der Perspektive des »verratenen Kindes« betrachtet wird, sondern indem die Mutter Gesine ihrer Tochter Marie die Geschichte erzählt und diese Perspektive Verständnis für Lisbeth sucht.[77]

Eine solche moralisch motivierte Verständnissuche entspricht allerdings mehr theologischem Wunschdenken als der Textwirklichkeit der *Jahrestage*, denn im Roman sucht weder Gesine Verständnis für den Suizid ihrer Mutter noch erzählt sie ihrer Tochter irgendetwas über dessen Umstände,[78] ist sie doch – wie noch gezeigt werden wird – in *Jahrestage* nicht einmal in der Lage, sich die Ereignisse um den Tod ihrer Mutter selbst bewusst zu machen.

An Hakers Interpretation anknüpfend, untersucht auch der Medizinhistoriker Matthias Bormuth Lisbeths Weg zum Selbstmord und macht auf »ein pathologisches Moment in ihrer Passionsbereitschaft«[79] aufmerksam, dem er im »ideenhistorischen Kontext nachzugehen«[80] sucht. Gestützt auf den Jaspers-schülers Kurt Schneider, deutet er Lisbeth als »selbstunsichere Persönlichkeit«, deren »depressive Stimmungslage [...] oftmals auf massiven Skrupeln gegenüber ihrem ethisch relevanten Verhalten [beruhe]«,[81] und kommt zu folgender Erkenntnis: »Lisbeths freiwillig-unfreiwilliger Entschluss aus dem Leben zu gehen, ihre außergewöhnliche Begründung steht als schillerndes Phänomen zwischen Gesundheit und Krankheit nicht fern von der Passion Jesu.«[82] Inwieweit diese religionspathologisch-christologische Diagnose zum Verständnis der *Jahrestage* beitragen kann, eines Romans, dessen Protagonistin um ein *säkulares* Selbstverständnis ihrer Person und ihres Werdegangs ringt, bleibt dabei allerdings offen.

---

76 Ebd., S. 237.

77 Ebd., S. 242.

78 In einem 1972 geführten fiktiven »Interview« rekapituliert Marie den Sachverhalt – übereinstimmend mit der Darstellung in *Jahrestage* – folgendermaßen: »Sie hat es mir nicht erzählt. Ich war zehneinhalb und sie konnte mich vorbeiführen an diesem Tag im Buch.« Uwe Johnson: *Interview mit Marie H. Cresspahl. 2. -3. Januar 1972*, in: Bengel (Anm. 64), S. 73–88, hier: S. 75. In den *Jahrestagen* freilich war sie es selbst, die von der neuerlichen »Wassertonnengeschichte« nichts wissen wollte: »Erzähl sie mir nicht, Gesine.« (JT, 725)

79 Matthias Bormuth: Der Suizid als Passionsgeschichte. Zum Fall der Lisbeth Cresspahl in den *Jahrestagen*, in: Johnson-Jahrbuch 12 (2005), S. 175–196, hier: S. 178.

80 Ebd., S. 179.

81 Ebd.

82 Ebd., S. 185.

Was sowohl der Medizinhistoriker als auch die Theologin nicht im Blick haben, ist die Symbolsprache der *Jahrestage*, in deren Grammatik Lisbeths erschütterndes Schicksal weder eine moraltheologische noch eine ideenhistorische Ausdeutung erfährt; vor allem aber übergehen sie die narrative Darbietung des Lisbeth-Todes im Roman selbst.

Um über den im Zentrum der *Jahrestage* stehenden Selbstmord und dessen Bewertung im Erzählgefüge des Romans Klarheit zu gewinnen, sollte man der Versuchung widerstehen, auf die im Text angebotenen Scheinlösungen hereinzufallen, wie sie etwa Pastor Brüshaver in seiner Beerdigungspredigt formuliert.

Und wenn sie [Lisbeth] auch besser das Sterben ihm [Gott] überlassen hätte, so habe sie doch ein Opfer angeboten für ein anderes Leben, den Mord an sich selbst für den Mord an einem Kind. Ob das ein Irrtum gewesen sei, werde sich nicht in Jerichow herausstellen. (JT, 760)

Brüshavers Zustimmung zu Lisbeths groteskem Selbstopfer gründet im Vertrauen auf eine transzendente, Recht sprechende Instanz – und fordert eine um rationale Deutung bemühte Interpretation geradezu auf, den ›blinden Flecken‹ dieser der Trauergemeinde aufgedrängten Rechtfertigung nachzugehen, anstatt darin gültige Aussagen über den angeblichen ›Sinn‹ von Lisbeths Sterben zu erblicken. Ein echtes Opfer des nazistischen Judenhasses war nicht Lisbeth, sondern allein das von Jansen ermordete jüdische Kind, dessen Tod am 9. November 1938 zeichenhaft auf die nationalsozialistische Vernichtungspolitik der kommenden Jahre verweist. Lisbeth hingegen ging auf eigene Entscheidung »aus dem Leben« (JT, 759). Ihr Tod ist motivisch ungeeignet, um die Hilflosigkeit zum Ausdruck zu bringen, mit der die europäischen Juden dem Naziterror zum Opfer fielen. Letztlich ist ihr Sterben die Konsequenz einer wahnhaft verzerrten Religiosität, die dem subjektiven Wollen nach Schuld zu vermeiden suchte. Im übergeordneten Verweisungszusammenhang des Romans indiziert dieser Suizid einer Deutschen aber vor allem den politischen ›Selbstmord‹ Deutschlands im Zeichen des Nationalsozialismus – und markiert damit die am 9. November 1938 angehäufte und in den Konzentrationslagern in den Folgejahren ins Unermessliche vergrößerte deutsche Schuld gegenüber den Juden.

Letztlich geht es – darüber sind alle Interpreten einig – bei den Ereignissen vom 9. November in Jerichow um die Integration und Bewertung des Holocaust im Erzählwerk *Jahrestage*. Wer diesem Komplex in Johnsons Roman weiter nachgeht, stößt im Umkreis von Gesines oft zitierten Äußerungen zu Fotos aus Bergen-Belsen auf eine bislang übersehene grundsätzliche Aussage, die stutzen lässt. Den »Versuch einer ›Endlösung‹ für die Juden« erklärt sich die Protagonistin der *Jahrestage* im Kapitel des Princeton-Experiments »aus der deutschen Art von Wahnsinn« (JT, 234) – eine höchst ungewöhnliche Formulierung, die gleichwohl in Johnsons Werk wiederholt auftaucht, wenn es um einen prinzipiellen Kommentar zum Nationalsozialismus geht.[83]

Ob sich Johnson mit dieser Deutung der ›Endlösung‹ als deutscher Geisteskrankheit auf dem Feld der Geschichtsschreibung einen Namen machen wird, bleibe dahingestellt. Ganz offenbar ist jedoch sein Bestreben, den auf Befehl Hitlers begangenen Judenmord als geistig abartiges ›absolutes Böses‹ darzustellen, das in keiner Weise ›banal‹ ist und dem man mit keinerlei Versuch von Verständnis entgegenkommen darf. In einem von Unseld erbetenen Gutachten zu George Steiners Hitler-Roman *The Portage to San Cristobal of A. H.* wendet sich Johnson deshalb »recht erschreckt« und mit absoluter Entschiedenheit gegen »einen Schriftsteller, der bereit ist, die Person A. H. literarisch zu verstehen«.[84]

Was aber, so bleibt die Frage, bezweckt Johnson, wenn er den nationalsozialistischen Judenmord auf die »deutsche Art von Wahnsinn« zurückführt? Er gewinnt damit zunächst einmal eine ›neutrale‹ Erklärung für eine absolut verwerfliche, widermenschliche Tat, die im literarischen Kontext seines Werkes in mehrfacher Hinsicht anschlussfähig gehalten wird. Denn an diesem deutschen Wahnsinn partizipieren sowohl der als »Irrer« (JT, 330) geltende »schwachsinnige Führer«[85] als auch die politisch ohnmächtige Lisbeth, »die sich aus der Welt ›ver-rückt‹ hat« (JT, 1856) und mit dieser Wahnsinnstat die mutterlos zurückbleibende Tochter zutiefst verletzte.

Selbstverständlich kann es bei der Ausdeutung des in den *Jahrestagen* beziehungsreich ausgestalteten ›deutschen Wahnsinns‹ um keine platte Gleichsetzung gehen. Lisbeths brandschatzender Suizid nimmt nicht nur Gesine ihre Mutter, sondern vernichtet auch Heinrich Cresspahls Werkstatt, in der dieser für den Krieg arbeitete, während der Wahnsinn des ›Führers‹ nicht nur eben diesen Krieg befahl, sondern auch sechs Millionen Juden den Tod brachte. Hat Lisbeth also letztlich nicht doch eine ›Protesthaltung‹ eingenommen? Subjektiv und auf ihre Person bezogen mag man dem zustimmen, wie viele *Jahrestage*-Interpreten das tun; aber diese, auf individuelle Motive der Figur gerichtete Deutung ist in Johnsons kunstvollem Erzählarrangement nicht allein entscheidend. Wer registriert, dass sowohl der wahnsinnige Selbstmörder Adolf Hitler wie auch die verrückte Brandstifterin Lisbeth Cresspahl als »Hausanzünder« (DBA, 129) in Johnsons Werk figurieren, ermisst die ganze Abgründigkeit einer verborgenen Konnexion, die keineswegs Zufall ist, sondern durch Johnsons

83 Vgl. die Aussage D. E.s, dass der Nationalsozialismus »keine österreichische Art von Wahnsinn« (JT, 1150) war, wie Gesine es (aus Gründen der Schuldabwehr) gern wahrhaben würde.

84 Briefwechsel Johnson – Unseld (Anm. 45), S. 965.

85 Uwe Johnson: *Das dritte Buch über Achim*, Frankfurt am Main 1992, S. 129, künftig zit. als DBA, Seite.

subtiles Verknüpfungsverfahren erst hergestellt wurde. Was dadurch symbolisch zum Ausdruck kommt, ist eine ›Verwandtschaft der Schuld‹, deren politische Verheerungen durch den ›Führer‹ Adolf Hitler verantwortet werden, aber – vermittelt über die Mutter Lisbeth – auch eine moralische Verantwortung der in Deutschland gebliebenen Familie Cresspahl implizieren.

VI.

Um diesen Zusammenhang ringt die Protagonistin, wenn sie sich im Zentrum der *Jahrestage* die Umstände des Todes ihrer Mutter klarzumachen sucht. Als aber am 20. Februar 1968 die Erzählung genau davon zu handeln hätte, kommt es zum Totalausfall der einen Erzählinstanz. Gesine nämlich, deren erinnerndes Bewusstsein über weite Strecken des Romans als die treibende Kraft gelten kann, liegt an diesem Datum bereits den dritten Tag[86] fieberkrank im Bett und ist außerstande, sich die Ereignisse in Jerichow vor 30 Jahren bewusst zu machen. Im Erzählzusammenhang der *Jahrestage* ist sie hinsichtlich des Muttertodes nicht als rational erinnernde Erwachsene »dem Gewesenen hinterher« (HNJ, 7) wie in *Heute Neunzig Jahr*, sondern wird von ihrer nicht aufgearbeiteten Vergangenheit mit unmittelbarer, körperlicher Gewalt getroffen. Im Krankengespräch mit Marie, die zur Pflegerin ihrer Mutter wird, tauchen zwar einzelne isolierte Erinnerungs-Bruchstücke an die Beerdigungsgesellschaft »in schwarzen Anzügen und Kleidern« (JT, 753) auf, die Gesine seinerzeit als Kind gesehen hat;[87] jede bewusste und verstandesmäßige Reaktion auf die Ereignisse um den Tod ihrer Mutter und die Ermordung des jüdischen Mädchens Marie Tannebaum lässt die Protagonistin aber vermissen. Es sind die Erzählungen des »Genossen Schriftsteller«, der in diesen Tagen Regie führt und den Lesern die näheren Umstände der hochdramatischen Ereignisse während der Reichspogromnacht vermittelt.

Das Beispiel zeigt, dass Gesines Versuch einer Aneignung der verdrängten Familiengeschichte in den *Jahrestagen* keineswegs in jedem Fall von Erfolg gekrönt ist. Erst im Verlauf des erzählten Jahres gelingt es ihr, das Muttertrauma, das im Symbolzusammenhang des Romans eine Chiffre für das historische

86 Das teilt am 20. Februar Marie mit: »Seit Sonnabend nacht liegst du im Bett [...].« (JT, 751f.) In exakt die darauf folgende Zeit vom Sonntag, dem 18., bis Mittwoch, dem 21. Februar 1968 fällt die Erzählung des Lisbeth-Todes am 9./10. November 1938 in Jerichow.

87 Die Schilderung deckt sich mit der Darstellung in dem Text *Neuigkeiten von Gesine Cresspahl 2*, der das Bewusstsein der »dreizehnjährigen« Gesine wiedergibt – Indiz dafür, dass die damals 34-jährige Protagonistin der *Jahrestage* dem Muttertrauma auf vergleichbare Art ausgeliefert ist wie seinerzeit als Pubertierende. Vgl. Uwe Johnson: »Wohin ich in Wahrheit gehöre«. Ein Uwe-Johnson-Lesebuch, hg. von Siegfried Unseld, Frankfurt am Main 1994, S. 100–106, hier: S. 100f.

Trauma der verdrängten deutschen Schuld gegenüber den Juden ist, von der Aura eines unzugänglichen Geheimnisses zu befreien und einer rationalen Erörterung zugänglich zu machen.[88] Die absolute Grenze zwischen Gelingen oder Scheitern der Selbstaufklärung qua Erinnerung wird aber durch den Erzählpakt mit dem »Genossen Schriftsteller« markiert, denn bis auf die letzte Seite, bis zum letzten Satz des Romans bleibt die Protagonistin auf dessen Hilfe angewiesen, um ihre Vergangenheit rekonstruieren zu können.

Vergleicht man nun die Erzählsituation von *Heute Neunzig Jahr* mit der in *Jahrestage*, so stellt man fest, dass sich die Protagonistin im Jahr 1978 – dem geplanten Schlusstermin – in einer erinnerungspsychologisch weitaus gefestigteren Situation befindet, denn sie benötigt nun als Ich-Erzählerin keine Assistenz eines »Genossen Schriftsteller« mehr, um sich über ihre Vergangenheit Klarheit zu verschaffen; der in den *Jahrestagen* durchgeführte Versuch einer von dritter Seite unterstützten ›Therapie‹ durch erzählendes Erinnern hat der Protagonistin 1978 offenbar ein stabileres Ich-Bewusstsein verschafft, als der Stand ihrer Persönlichkeitsentwicklung im Roman es zuließ. Dass damit auch eine Klarheit in heikelsten (und nicht nur familiengeschichtlich relevanten) Fragen einhergeht, zeigt sich an der neuerlichen Thematisierung des Muttertodes.

Die prägenden Ereignisse ihrer Familienvergangenheit kann Gesine in *Heute Neunzig Jahr* souverän benennen. Die krankhafte Verrücktheit ihrer Mutter, die sie als Kind hungern ließ und ihr Hilfe verweigerte, als sie dreijährig in eine Wassertonne fiel, benennt Gesine nun schonungslos:

> Die niederdeutsche Sprache weiss bösartige Namen für den Zustand, in den Lisbeth sich hatte fallen lassen, mall und trallig sind herzensgut dagegen, Cresspahl wollte sich lediglich das Wort Krankheit eingestehen. Sie war krank im Kopf. (HNJ, 95)

Auch die Geschehnisse der Pogromnacht am 9. November 1938, deren Erzählung in den *Jahrestagen* sie fiebrig verdämmert hatte, kann Gesine nun in eigene Worte fassen:

> Lisbeth sieht in Gneez die Synagoge brennen, in Jerichow ist sie dabei, als die Frau des jüdischen Kleiderhändlers Tannebaum ihre achtjährige Tochter Marie erschossen aus dem Haus trägt, dann läuft sie in Cresspahls Werkstatt und legt Feuer und bindet sich fest in der Futterkammer der Scheune, damit es ihr diesmal gelingt und sie tot wird. (HNJ, 98)

88 Als sich die Westberliner Freundin Anita nach dem Tod D. E.s um die Verfassung Gesines sorgt, antwortet diese ihr am 7. August 1968 – kurz vor Ende des Romans: »Anita, ich mach das anders als meine Mutter. Solange ich für ein Kind sorgen muß, versuch ich zu leben.« (JT, 1749)

An dieser Schilderung fällt vor allem auf, dass jeder Verweis auf Lisbeths ›Opfer‹, das der Erzählkontext der *Jahrestage* als falsche Fährte anzudeuten versucht hatte, konsequent eliminiert wurde. In der Formulierung von *Heute Neunzig Jahr* hat der Selbstmord, der Lisbeth »diesmal« gelingt, zwar eine *Vorgeschichte* in den zurückliegenden beiden Versuchen, nicht aber eine *Motivation* in ihrer Zeugenschaft der Ereignisse vom 9. November 1938 in Jerichow. Jedenfalls lässt die parataktische Darstellung Gesines davon nichts erkennen. Gleichfalls unerwähnt bleibt Lisbeths apokryphe ›Widerstandshandlung‹ gegen Jansen. Wie fern die »damals« (HNJ, 7) noch traumatisierte Protagonistin der *Jahrestage* der Erzählerin von *Heute Neunzig Jahr* mittlerweile gerückt ist, erkennt man an folgender Formulierung, in der Gesine sich selbst in der dritten Person nennt, um zu beschreiben, wie die Handlungen Lisbeths seinerzeit auf sie – das mutterlos zurückbleibende Kind – gewirkt haben.

Mehr und mehr gelang es ihr, die Mutter von allen Seiten einzuschliessen, sie unsichtbar zu machen in einem Gedanken: sie hat mich verraten. Eine Feier zu ihrem Geburtstag, auch Geschenke lehnte sie ab, die Mutter zu strafen, die sie geboren hatte. (HNJ, 99)

Die für die Lisbeth-Darstellung der *Jahrestage* typische Isolierung und ›Einschließung‹ der Figur, die den Lesern des Romans immer wieder (von Johnson bewusst arrangierte) Rätsel aufgegeben hatte, wird hier in *Heute Neunzig Jahr* zum Gegenstand einer kritischen Analyse der mittlerweile zur echten Selbstanalyse befähigten Protagonistin. Nachträglich kann Gesine ihre instinktive Abwehr gegenüber Lisbeth auf ein Kindheitstrauma zurückführen, das ihr jahrzehntelang eine objektive Wahrnehmung der Mutter verwehrt hatte.

Besonders instruktiv ist in diesem Zusammenhang die Anspielung auf eine unterbliebene Geburtstagsfeier, mit der sich die Gesine von *Heute Neunzig Jahr* auf das *Jahrestage*-Kapitel vom 12. November 1967 bezieht, einem nach wie vor blinden Fleck der Johnson-Forschung. An diesem Tag hatte die traumatisch befangene Protagonistin einen ressentimentgeladenen Versuch unternommen, sich von der Mutter in einem inneren Monolog loszusagen, ohne die durch Lisbeths Geburtstag gegebene Symbolik ihres Abgrenzungsversuchs in irgendeiner Weise zu reflektieren. Mit Gesines traumatisierter Behauptung im Stimmengespräch: »*Es kommt auf den Tag nicht an*« (JT, 286) hat Uwe Johnson den Lesern des Romans eine Falle gestellt, in die bisher fast alle *Jahrestage*-Interpreten getappt sind, denn die – in *Heute Neunzig Jahr* aufgeschlüsselte – Bedeutung von Gesines »jährliche[r] Rede« (JT, 286) liegt nicht in ihrem Bezug auf Lisbeths Todes-, sondern *Geburtstag*.[89] Indem die Protagonistin von *Heute Neunzig Jahr* in eine interpretierende Distanz zu ihrer traumatischen Reaktion vom 12. November 1967 tritt, gibt sie zu verstehen, dass der Selbstmord ihrer Mutter für sie kein »*undurchdringlicher*« (JT, 287) Komplex mehr ist wie in den *Jahrestagen*, sondern einer rationalen Annäherung zugänglich wurde.

Heute Neunzig Jahr – das belegt die Neuthematisierung des Lisbeth-Todes – erzählt keineswegs »dasselbe«,[90] was Johnson in den *Jahrestagen* bereits veröffentlicht hatte. Beide Texte stehen vielmehr in einem kompositorisch genau reflektierten Abfolgeverhältnis, dessen Relation mit Blick auf die Protagonistin so beschaffen ist, dass die Gesine der *Jahrestage*, die ihre Mutter »unsichtbar« (HNJ, 99) zu machen versucht hatte, traumatisch befangen erscheint, während die Erzählerin von *Heute Neunzig Jahr* von dem in *Jahrestage* vorgeführten Bewusstwerdungsprozess profitieren kann. Indem Gesine nun in der Lage ist, nicht nur die Geschehnisse vom 9. November 1938, sondern auch ihre eigenen Vorbehalte gegenüber der Mutter im Modus der erinnernden Erzählung in eine gedankliche und syntaktische Ordnung zu bringen, gibt sie den Grad der Bewusstheit zu erkennen, den ihr Erinnerungsprojekt mittlerweile angenommen hat.

Ein Gleiches gilt für den in beiden Erzählwerken völlig unterschiedlich gehandhabten Sozialismus-Komplex, der bekanntlich die Gesine der *Jahrestage* am 20. August 1968 in eine höchst bedrohliche Lage gebracht hatte. Wie Mecklenburg richtig angibt, zeichnet sich als »durchgängiges Motiv« von *Heute Neunzig Jahr* »eine kritische Abrechnung Gesines mit ihrem in der DDR-Schule erworbenen ideologieverzerrten Wissen über deutsche Geschichte im 20. Jahrhundert ab«.[91] Wie aber stand es um Gesines Kritikfähigkeit gegenüber dem ideologisch verzerrten DDR-Schulwissen in den *Jahrestagen*? Eine Antwort darauf liefert beispielsweise das Kapitel vom 22. Juni 1968, in dem Jakob seiner dreizehnjährigen Ziehschwester im Hungerwinter 1946/47 eine »Transaktion« (JT, 1403) auf dem Schwarzmarkt vorschlägt, um Gesines in der Kommune Schlegel erarbeiteten Weizen in dringend benötigte Vorräte umzutauschen. Doch »diese« Gesine, die hier vom »Genossen Schriftsteller« sehr distanziert

89 Vgl. die irreführenden Angaben des *Jahrestage*-Kommentars: »Mit diesem Satz macht Johnson auf zwei Verstöße gegen von ihm selbst aufgestellte Prinzipien für die Abfassung seines Romans aufmerksam: gegen das Jahrestag-Prinzip, denn Lisbeths Todestag vor 29 Jahren war bereits der 10. November, und gegen die Vereinbarung mit seiner fiktiven Person Gesine, wonach nur Ereignisse ihres Lebens und Bewußtseins und das auch nur mit ihrer Genehmigung Eingang in den Roman finden dürfen.« – Der Kommentar-Herausgeber hat auch noch an dieser Kommentierung für die Internet-Version festgehalten, obwohl ich ihn vor etlichen Jahren auf deren ins Auge springende Fehler hingewiesen hatte. Vgl. Holger Helbig u. a. (Hg.): Johnsons *Jahrestage*. Der Kommentar, Göttingen 1999, S. 217 und https://www.phf.uni-rostock.de/institut/igerman/johnson/johnkomm/6711/671112.html (24. 6. 2010).

90 Mecklenburg (Anm. 21), S. 164.

91 Ebd., S. 157f.

gesehen wird, lehnt sich gegen »die geschäftliche Verwertung ihres Ernteverdienstes« (JT, 1403) vehement auf, hat sie ihre Unterstützung der Kommune Schlegel doch nicht als Lohnarbeit, sondern als Beitrag im Dienst einer Utopie geleistet, deren Ertrag (obgleich er gestohlen wurde [JT, 1403]) sie nicht auf dem Schwarzmarkt verkaufen lassen will.

> [U]nverhofft sprang dies Kind auf, begreife das ein anderer, riß ihre Schulhefte an sich, als sollten sie ihr gleich mit körperlicher Gewalt geraubt werden, lief davon. Mit der knallenden Tür blieb Jakob ein Kopfschütteln seiner Mutter übrig, dessen verhohlener Spott jedoch galt ihm, dazu zwei Ausrufe Gesines, die erschreckten ihn. (JT, 1404)

Wenn Gesine ihre »Schulhefte« an sich reißt und mit Verwünschungen türenknallend den Raum verlässt, in dem Jakob sie zu einem pragmatischen Umgang mit ihrer Utopie überreden will, macht der Text unmissverständlich auf die sozialistische Schulerziehung als eigentliche Quelle von Gesines utopischen Hoffnungen aufmerksam. An diese Utopie knüpft auch noch die 35-jährige Protagonistin der *Jahrestage* an, wenn sie, inspiriert durch ihre »Kinderwünsche« (JT, 990), einen amerikanischen Finanztransfer nach Prag vorbereiten hilft, der zum Zeitpunkt des letzten Kapitels im Roman durch den Einmarsch sowjetischer Panzer zunichte gemacht wird – eine von Johnsons Erzählarrangement bewusst eingeplante Wirklichkeitserfahrung, die auch den illusionären Charakter von Gesines in den *Jahrestagen* verfolgten sozialistischen Hoffnungen bloßlegt.

Aus diesen Beobachtungen, die sich durch weitere ergänzen ließen, lässt sich schließen, dass Johnson in *Heute Neunzig Jahr* keineswegs eine ältere Version der *Jahrestage* zu verwerten suchte. Im Zusammenhang von Uwe Johnsons als einem Ganzen konzipierten Erzählwerk markiert diese fragmentarische Erzählung in Hinsicht auf die Protagonistin Gesine vielmehr die chronologisch und bewusstseinsmäßig fortgeschrittenste Position. Und genau in diesem Sinn hatte Uwe Johnson das 1975 begonnene und 1983 wieder aufgegriffene Projekt seinem Verleger am 23. Dezember 1982 ja auch angekündigt; als eine »weiter führende Sache«, die zu den *Jahrestagen* »etwa sich verhält wie *Eine Reise wegwohin* zu *Das dritte Buch über Achim*«.[92]

Mit dem erläuternden Hinweis macht Johnson darauf aufmerksam, dass das von ihm in *Heute Neunzig Jahr* angewendete Verfahren in seiner schriftstellerischen Praxis eine Tradition besitzt. Zieht man die angesprochenen Texte zu Rate, so stellt man fest, dass die Erzählung *Eine Reise wegwohin* im Rekurs auf den Roman *Das Dritte Buch über Achim* einen retrospektiven Kommentar entfaltet, der für Johnsons reflexives Verfahren im Umgang mit dem eigenen Werk

92 Briefwechsel Johnson – Unseld (Anm. 45), S. 1035f.

typisch ist. Die im *Achim*-Roman nur angedeuteten Umstände, unter denen der westdeutsche Journalist Karsch 1960 in die DDR reiste und dort den – letztlich gescheiterten – Versuch der Beschreibung eines Radsportlerlebens unternahm, werden in der nachgetragenen Erzählung konkretisiert, ausgedeutet und zu einem vorläufigen Ende geführt, das den Helden in Italien zeigt. Auf strukturell vergleichbare Weise wollte Johnson offenbar vor dem Erzählhintergrund der *Jahrestage* in *Heute Neunzig Jahr* verfahren. Gesine Cresspahl sollte – wie seinerzeit Karsch – im Zuge dieser Neuthematisierung in eine spätere erzählte Zeit versetzt und mit einem reflexiven Bewusstsein versehen werden, das dasjenige, mit dem sie in den *Jahrestagen* ausgestattet worden war, zu überbieten vermag.

VII.

Ich fasse zusammen. Als sich Uwe Johnson im Frühjahr 1975 auf der Zielgeraden der Arbeit an den *Jahrestagen* wähnte, begann er im Zuge eines poetisch erprobten Verfahrens mit der Abfassung eines unbetitelten Erzählprojekts, das über den Erzählkomplex der *Jahrestage* hinausführen sollte. Die datierten Aufzeichnungen dafür reichen vom 28. April bis zum 16. Juni. Zwei Tage später unterbricht Johnsons »Beschädigung der Herzkranzgefässe« (BU, 451) vorerst die Arbeit an beiden Werken. In der Folgezeit gelten seine Anstrengungen vorrangig den *Jahrestagen*. Als es ihm nach vielen Rückschlägen 1983 gelungen war, dieses Werk zu beenden, greift Johnson auch das liegen gebliebene Manuskript wieder auf und verfasst einen Vorschautext, der unter dem Arbeitstitel *Heute Neunzig Jahr* »eine Familiengeschichte vom Oktober 1888 bis [zum, U. K.] Winter 1978«[93] ankündigt. Die Ausarbeitung dieses Projekts wurde durch seinen frühen Tod im Februar 1984 verhindert; überliefert sind lediglich eine Anzahl von Manuskripten, die in der Abfolge mehrerer Bearbeitungsstufen aber klar erkennen lassen, dass hier zielgerichtet an einem neuen Werk gearbeitet wurde. Diesen Befund bestätigt, neben weiterem, auf einzelnen Zetteln festgehaltenen Material, auch ein Notizheft Johnsons, das unter dem 13. September 1983 folgenden Eintrag enthält:

Zeitgenossen 1888 – 1978. Erinnerungen von Gesine Cresspahl
Nach eigenen Aufzeichnungen / By Herself
SUHRKAMP VERLAG
Frankfurt am Main 1984[94]

93 Ebd., S. 1075.

94 Uwe Johnson: Notizheft: »Three in One« – Auszug, in: Dimension 2 (1994), S. 292–309, hier: S. 296.

Diese in New York festgehaltene Notiz bildet die Reaktion auf Unselds zitierten Brief vom 2. September; sie nimmt sich aus wie ein Vorsatz, mit dem der Verfasser sich Mut zur Einhaltung eines mit dem Verleger vereinbarten Termins zu machen suchte. Konzeptionell aufschlussreich ist der Untertitel »Nach eigenen Aufzeichnungen / By Herself« – markiert er doch die Differenz zur formalen Anlage der auf eine ›Erzählpartnerschaft‹ gegründeten *Jahrestage*, die nun durch eine »by herself« erzählende Protagonistin abgelöst werden soll. Die Gesine des Jahres 1978 bedarf offenbar keines im Hintergrund assistierenden »Genossen Schriftsteller« mehr, sondern kann ihre Vergangenheit in direkter Rede als Ich-Erzählerin vortragen. In die gleiche Richtung deutet ein anderes Zitat aus diesem Notizbuch.

Thematisiert werden sollen in *Heute Neunzig Jahr* demzufolge die »Jahre individueller und öffentlicher Geschichten, gesehen durch die Erfahrung (statt durch Temperament) einer Person«.[95] Auch diese Formulierung akzentuiert die Distanz des neuen Projekts zu den *Jahrestagen* als einem Werk, das durch das »Temperament« Gesines erzählt hatte (und damit etliche Wahrnehmungstrübungen in Kauf zu nehmen gezwungen war).[96] *Heute Neunzig Jahr* hingegen erzählt vor dem Hintergrund einer historischen »Erfahrung«, die der Protagonistin zur Verfügung gestellt wurde, um Johnsons Werk, gestützt auf deren erkenntnistheoretisch überlegene Erzählstrategie, aus dem Schatten der *Jahrestage* herauszuführen.

Eine Prüfung ausgewählter Stellen hat übereinstimmend mit diesen konzeptionellen Überlegungen ergeben, dass *Heute Neunzig Jahr* die cresspahlsche »Familiengeschichte« nicht lediglich ›zusammenfasst‹, sondern entscheidend anders akzentuiert. Eine Schlüsselfigur für den gegenüber dem Erzählprogramm der *Jahrestage* erzielten poetischen Mehrwert ist die Figur Lisbeth Cresspahl, deren ›wahnsinnigen‹ Selbstmord Gesine erst jetzt, aus der Rückschau des Jahres 1978, im Zusammenhang zu begreifen in der Lage ist. Vermittelt über den symbolischen Termin des 9. November 1938 erhält die in beiden Erzählwerken differierende Einschätzung dieses Suizids Signalcharakter, markiert sie doch die Differenz zwischen einer traumatisch belasteten (*Jahrestage*) und einer aufgeklärten (*Heute Neunzig Jahr*) Erinnerung an die Geschichte der deutschen Schuld gegenüber den Juden. In den *Jahrestagen* verstand sich Gesine als »das Kind eines Vaters, der von der planmäßigen Ermordung der Juden

95 Johnsons gesamtes Notizheft ist bislang unveröffentlicht, hier zit. nach: Mecklenburg (Anm. 10), S. 96.

96 Den Sachverhalt, dass Gesine keineswegs nur erzählendes Subjekt, sondern auch implizites Objekt des Erzählens werden sollte, brachte Johnson in einem Interview auf die Formel: »Begonnen hat das Buch ja als ein Versuch, das Bewußtsein Gesine Cresspahl darzustellen [...].« Vgl. Dieter E. Zimmer: Eine Bewußtseinsinventur. Das Gespräch mit dem Autor: Uwe Johnson, in: Bengel (Anm. 64), S. 99–105, hier: S. 99.

gewußt hat« (JT, 232); eine Selbsteinschätzung als »Vaters Tochter« (JT, 619), die zwar aufgeklärt klingt (und auch oft in diesem Sinn zitiert wird), bei Licht besehen aber die tatsächlichen Zusammenhänge im Kern verfehlt, denn die für ihre (unbewusste) persönliche Betroffenheit vom ›deutschen Wahnsinn‹ weitaus wichtigere Figur war die Mutter Lisbeth. Die Gesine der *Jahrestage* ist auf eine komplizierte und gewollt widersprüchliche Weise vor allem ›Mutters Tochter‹, was nicht zuletzt daran ablesbar ist, dass sie das traumatische Datum von deren Tod im Kontext dieses Erzählwerkes *nicht* erinnernd aufzuarbeiten vermochte.

Diesen Schritt kann sie erst in *Heute Neunzig Jahr* gehen, dem Buch, mit dem Uwe Johnson sich (und Gesine) in die Zukunft schreiben wollte. Dazu ist es allerdings nicht gekommen; die tatsächliche Situation Gesine Cresspahls im Jahr 1978 gerät in dem Fragment gebliebenen Werk nicht in den Blick, weil der Text zum Zeitpunkt von Johnsons Tod nur bis zum Jahr 1946 gediehen war. Leser, die entsprechend dem eingangs zitierten Motto auf das »Was« aus sind, erhalten auf die Frage nach Gesines Schicksal ab dem 20. August 1968 in diesem Manuskript keine Antwort.

Das von Johnson hinterlassene Material zu *Heute Neunzig Jahr* ist gewiss nicht in jedem Punkt voll ausgereift und widerspruchsfrei auf die veröffentlichten *Jahrestage* bezogen – wie billig bei einem Projekt in Arbeit. Dennoch ist der eingeschlagene Weg zu einer ästhetisch eigenständigen Erzählung klar zu erkennen. Interpreten, die sich vorrangig für die Widersprüche in den Parallelerzählungen zwischen *Heute Neunzig Jahr* und *Jahrestage* interessieren, begeben sich von vornherein der Möglichkeit, die konstruktive Perspektive zu erkennen, die Uwe Johnson mit diesem Buch zu eröffnen gedachte – und exakt in diesem Sinn gegenüber Unseld erläutert hat. War er doch ein Autor, der mit Bedacht, Konsequenz und langem poetischem Atem an einem über das einzelne Buch hinausreichenden *Werk* arbeitete. Aufmerksame Rezipienten werden beim Vergleich des Nachlasstextes mit den *Jahrestagen* gewiss nicht verkennen, dass Johnson seine Geschichten nicht einfach wiederholt, sondern in einer Art ›poetischem Staffellauf‹ dargeboten hat, der vorausgegangene und nachfolgende Erzählwerke in einen konkreten Zusammenhang stellt, damit das Erzählen selbst zukunftsfähig bleibt. Es wäre zu wünschen, dass die Neuausgabe von *Heute Neunzig Jahr* das Bewusstsein für diese perspektivische Unabschließbarkeit von Uwe Johnsons Werk neu zu befördern hilft.

Céline Letawe

»Die Biografie ist auch nicht das was sie mal war«. *Max Frisch. Stich-Worte. Ausgesucht von Uwe Johnson*[1]

1.

Der Band *Max Frisch. Stich-Worte. Ausgesucht von Uwe Johnson* ist eine Sammlung von Auszügen aus dem Werk Max Frischs, die 1975 aus Anlass des fünfundzwanzigjährigen Bestehens des Suhrkamp Verlags von Uwe Johnson konzipiert wurde.[2] Die Idee ist schon früh entstanden. In seinem Reisebericht über den Aufenthalt in Zürich vom 6. bis 9. Dezember 1972 schreibt der Verleger Siegfried Unseld zum Projekt der Werkausgabe Frischs:

> Das Hauptproblem: Werkausgabe oder Reader? [...] Die Reader-Möglichkeit möchte [Frisch] [...] nicht akzeptieren. Das sähe ihm doch – wie auch immer man das begründe – nach Verwertung aus. Und biete keine echte Chance für die Kritik. Er würde es aber sehr gerne sehen, wenn man eine einbändige Auswahl hätte, die Uwe Johnson treffen sollte, also ein Buch: Max Frisch gesehen durch Uwe Johnson.[3]

Dass Frisch an Johnson denkt, wenn es darum geht, eine Sammlung aus seinem Werk zusammenzutragen, ist nicht erstaunlich: Die beiden Schriftsteller kannten sich gut, sowohl menschlich als auch literarisch. Sie hatten einander 1962 in Rom kennen gelernt, sich danach oft getroffen und von 1972 bis 1974 sogar in demselben Berliner Viertel gewohnt. Die Lektüre von *Stiller* im Jahre 1957 hatte

1 Dieser Aufsatz basiert auf einem Teil meiner Dissertation, die mittlerweile erschienen ist: Max Frisch. Uwe Johnson. Eine literarische Wechselbeziehung, St. Ingbert 2009.

2 *Max Frisch. Stich-Worte. Ausgesucht von Uwe Johnson*, Frankfurt am Main 1975. Im Folgenden zit. als *Stich-Worte*.

3 Uwe Johnson – Siegfried Unseld. Der Briefwechsel, hg. von Eberhard Fahlke und Raimund Fellinger, Frankfurt am Main 1999, S. 781.

Johnson beeindruckt[4] und war der Anfang einer langjährigen Beschäftigung mit dem Werk des Schweizers. 1970–1971 hatte Johnson sich im Rahmen der ersten Lektoratsarbeit[5] intensiv mit Frischs *Tagebuch 1966–1971* befasst. Als 1975 das Projekt *Stich-Worte* verwirklich wird, betont Frisch erneut die Rolle Johnsons: »je johnsonischer die Auswahl der Zitate, um so besser. [...] Es wäre keine gute Idee, wenn das irgend jemand macht; es muss schon das Feierabendwerk des Uwe Johnson sein.«[6]

Was Johnson mit seinen *Stich-Worten* geschaffen hat, ist aber oft missverstanden worden: Viele Rezensenten haben den Band eine »Anthologie«, eine »Blütenlese«, ja sogar einen »Frisch-Digest« genannt,[7] obwohl sowohl Johnson als auch Frisch diese Bezeichnungen eindeutig abgelehnt haben.[8] Der Band *Stich-Worte* ist keine gewöhnliche Anthologie: Während der Anthologist vollkommen hinter dem Werk verschwindet, aus dem er Passagen auswählt, sollte bei dem Band *Stich-Worte* Johnson genauso wichtig sein wie Frischs Werk; während der Anthologist möglichst objektiv bleiben muss, um eine repräsentative Auswahl treffen zu können, sollte Johnson in dem Band *Stich-Worte* gerade seine subjektive Sicht zum Ausdruck bringen. Auch wenn die *Stich-Worte* auf den ersten Blick wie eine Anthologie aussehen – Johnsons Sammlung ist mehr. Sie enthält nicht nur ausgewählte Passagen aus Frischs Werk, sondern auch eine »Mitteilung«[9] Uwe Johnsons, und sie versteht sich zugleich als eine Biographie des Schweizer Schriftstellers.

4 Diese Erfahrung beschreibt er fast zwanzig Jahre später im Vorwort der *Stich-Worte*. Siehe unten.

5 Johnson hat mehrere Werke von Max Frisch lektoriert: 1970–1971 das *Tagebuch 1966–1971*, 1975 die autobiographische Erzählung *Montauk*, 1976 die *Rede zur Verleihung des Friedenspreises des Deutschen Buchhandels* und 1977 das Theaterstück *Triptychon*. Diese Lektoratsarbeiten habe ich in meiner Dissertation im Detail untersucht.

6 Max Frisch an Uwe Johnson, 18. 3. 1975, in: Max Frisch – Uwe Johnson. Der Briefwechsel 1964–1983, hg. von Eberhard Fahlke, Frankfurt am Main 1999, S. 119f.

7 Vgl. u. a. Günter Grack: Frisch angestrichen: Suhrkamps Sonderangebot, in: Der Tagesspiegel, 20. 9. 1975; Werner Wien: *Stich-Worte* Max Frischs: Mosaik eines Lebensbilds. Uwe Johnsons Anthologie zum Suhrkamp Jubiläum, in: Kieler Nachrichten, 19. 9. 1975; und Horst Steinmetz: Auf dem Wege zum Klassiker? Oder wie Verlag und Kollege einem Autor in den Rücken fallen. Zu Uwe Johnsons *Max Frisch. Stich-Worte*, in: Manfred Jurgensen (Hg.): Frisch. Kritik – Thesen – Analysen. Beiträge zum 65. Geburtstag, Bern 1976, S. 181–200, hier: S. 184f.

8 Frisch betont in einem Brief an Johnson: »Was die Meckerer erwarten, eine ›Blütenlese‹, bekommen sie nicht.« (Briefwechsel Frisch – Johnson [Anm. 6], S. 132f.) Er bestätigt sein Urteil in der Einführungsrede, die er bei der Lese-Reise gehalten hat: »Was also nicht gemeint ist: eine sogenannte Blütenlese.« (Ebd., S. 146.) Johnson selber schreibt in seinem Vorwort zu den *Stich-Worten*: »Eine Anthologie ist anders«, »[k]ein Brevier soll das sein« (*Stich-Worte*, S. 10).

9 Sowohl Frisch als auch Johnson haben darauf hingewiesen. Vgl. *Stich-Worte*, S. 8 und Briefwechsel Frisch – Johnson (Anm. 6), S. 146.

2.

In seinem Vorwort schreibt Johnson, er habe »versucht, aus Stichworten eine Biografie von Max Frisch herzustellen«.[10] Sowohl Unseld, der die *Stich-Worte* als »eine Biographie ungewöhnlicher Art«[11] verstand, als auch Frisch, der die *Stich-Worte* entschieden zu biographisch fand,[12] waren der Meinung, dass Johnson dieses Projekt gelungen war.

Dass Johnson die *Stich-Worte* als eine Biographie konzipiert hat, wird schon in der Auswahl der Texte deutlich. Er hat nämlich Texte gewählt, die eine direkte Verbindung zur Person Max Frisch ermöglichen. Er hat besonders viele Passagen aus den *Tagebüchern*, aus *Dienstbüchlein* und aus dem essayistischen Werk aufgenommen, »wo sich das Ich am wenigsten versteckt ausspricht«.[13] Steinmetz sieht darin ein Problem:

> Johnson hat vorwiegend, auch aus den *Tagebüchern*, solche Texte ausgewählt, die aus Betrachtungen, Urteilen, Reflexionen bestehen. Was fehlt und was gerade auch den *Tagebüchern* ihr charakteristisches Gepräge verleiht, ist der von Frisch überall initiierte Wechsel zwischen Wirklichkeit und Erfindung, der überall anzutreffende Übergang zum Denkbaren, zur Variante, zum Auch-Möglichen.[14]

Diese Beobachtungen treffen vollkommen zu: In dem Band *Stich-Worte* ist von Frischs bekanntem Möglichkeitsspiel keine einzige Spur zu finden. Problematisch ist allerdings, dass Steinmetz dies als eine »Verfälschung«[15] bezeichnet – der Band *Stich-Worte* sei demnach kein »authentisches und repräsentatives Dokument«.[16] Indem er die *Stich-Worte* von vornherein als eine Anthologie betrachtet und die Frage nach der Repräsentativität des Bandes zum zentralen Kriterium seiner Untersuchung macht, übersieht Steinmetz die Rolle, die Johnson in dem Projekt gespielt hat.

---

10 *Stich-Worte*, S. 10.

11 Siegfried Unseld an Uwe Johnson, 2. 7. 1975, in: Briefwechsel Johnson – Unseld (Anm. 3), S. 866.

12 Roland Berbig: »Having learned my lesson«. Margret Boveris Autobiographie *Verzweigungen* und ihre Bearbeiter Elisbabeth und Uwe Johnson, in: ders.: Uwe Johnson. Befreundungen. Gespräche, Dokumente, Essais, Berlin 2002, S. 392–431, hier: S. 394.

13 Steinmetz (Anm. 7), S. 193.

14 Ebd., S. 197.

15 Ebd. Das zwanzig Jahre später veröffentlichte Lesebuch »Max Frisch. ›Ich stelle mir vor‹« scheint diesen »Mangel« ausgleichen zu wollen. Bei dem vom Schweizer Schriftsteller Rolf Niederhauser zusammengestellten Band handelt es sich nämlich um ein Lesebuch, das »sich – so wollte es der Auftrag des Verlags – auf ›Geschichten‹ beschränken soll.« (Max Frisch. »Ich stelle mir vor«. Ein Lesebuch, hg. von Rolf Niederhauser, Frankfurt am Main 1995, S. 496)

16 Steinmetz (Anm. 7), S. 197.

Bei seiner Auswahl misst Johnson Frischs Frühwerk eine besondere Bedeutung bei: Er dokumentiert die Arbeit des Schweizers seit 1934 und hebt vor allem die erste Phase hervor, die sonst oft vergessen wird.[17] So mag z. B. die Bedeutung erstaunen, die Johnson dem frühen Roman *Die Schwierigen* zuspricht: Johnson zitiert daraus fast so viele Passagen wie aus dem Erfolgsroman *Stiller*. Man hätte eine andere Konzeption erwarten können, in der die drei bekanntesten Romane *Stiller*, *Homo Faber* und *Mein Name sei Gantenbein* eine überragende Rolle gespielt hätten. Der Roman *Die Schwierigen* fungiert in Johnsons Zusammenstellung aber als wichtiges Beispiel für das Frühwerk. Frisch selber hätte seine frühen Texte »am liebsten weggelassen«.[18] Er bezeichnet sie als das, was er »lieber nicht geschrieben haben möchte«.[19] Für Johnson spielten diese frühen Texte im gesamten Werk aber eine wichtige Rolle:

> [Die] frühen Stücke. Sie sind unentbehrlich, weil sie dem Leser die Herkunft und Veränderung Ihrer Schreibweise zeigen, nicht nur stilistisch, sondern vor allem im Bereich der politischen Haltung. Der vorsichtige Ekel, mit dem Sie schon 1935 über Hitlers Deutschland berichtet haben, gibt doch die Voraussetzung für Ihre heutigen Ansprüche. Fehlte das, so wäre die Ausgabe einer Biographie vergleichbar, aus der die Jugend weggeschnitten ist.[20]

Mit den frühen Texten will Johnson in seiner Sammlung Frischs Entwicklung dokumentieren, und zwar sowohl auf formaler als auch auf inhaltlicher Ebene. Johnsons Entscheidung ist wichtig, denn sie verstößt nicht nur gegen Frischs Wunsch, sondern auch gegen den Willen des Verlegers – Siegfried Unseld hatte Johnson nämlich darum gebeten, vom *Tagebuch 1946–1949* auszugehen.[21] Johnsons Reaktion war aber von Anfang an klar: »[E]ine Einmischung von [Unselds] Seite würde mich lediglich dazu bringen, diese Arbeit still wegzulegen.«[22]

---

17 Das ist sogar in manchen Bänden der Fall, in denen Primärdokumente veröffentlicht werden. So wird mit den Titeln der folgenden Bände der Eindruck erweckt, Frischs eigentliches Werk würde erst im Jahre 1943 beginnen: *Max Frisch. Forderungen des Tages. Porträts, Skizzen, Reden 1943–1982*, Frankfurt am Main 1982; *Max Frisch. Jetzt ist Sehenszeit. Briefe, Notate, Dokumente 1943–1963*, Frankfurt am Main 1998. Dass Johnson in den *Stich-Worten* Frischs Frühwerk ab 1934 einschließt, ist vor diesem Hintergrund umso bedeutender.

18 So Hans Mayer, der Herausgeber von Frischs *Gesammelten Werken*. Zit nach: Urs Bircher: Mit Ausnahme der Freundschaft. Max Frisch 1956–1991, Zürich 2000, S. 171.

19 Max Frisch an Uwe Johnson, 1. 6. 1976, in: Briefwechsel Frisch – Johnson (Anm. 6), S. 164.

20 Uwe Johnson an Max Frisch, 12. 6. 1976, in: ebd., S. 167.

21 »Siegfried[s] [...] Anregung, ich möge doch vor allem ausgehen von dem Ersten Ihrer veröffentlichten Tagebücher.« (Uwe Johnson an Max Frisch, 22. 3. 1975, in: ebd., S. 120f.)

22 Ebd., S. 121. Sowohl Unseld als auch Frisch haben schließlich in Johnsons Arbeit an den *Stich-Worten* eingegriffen. Mehr dazu in meiner Dissertation (Anm. 1).

Dass Johnson die *Stich-Worte* als eine Biographie konzipiert hat, wird nicht nur in der Auswahl der Texte deutlich, sondern auch in der Anordnung der ausgewählten Texte. Der streng chronologischen Einordnung hat Johnson zwar eine thematische Gliederung vorgezogen: Der Band *Stich-Worte* enthält einundzwanzig verschiedene Themenblöcke,[23] wobei einige Themen mehrmals vorkommen und eine Passage aus *Mein Name sei Gantenbein* als Motto das Ganze abschließt.[24] Wenn man aber schaut, nach welchen Kriterien Johnson die verschiedenen Textpassagen innerhalb der Themenblöcke und die verschiedenen Themenblöcke innerhalb des Bandes geordnet hat, stellt man neben der thematischen Gliederung auch eine bestimmte chronologische Ordnung fest. Betrachtet man auf der Ebene der Makrostruktur die Themenblöcke näher, die den Anfang der *Stich-Worte* ausmachen, kann man bestimmte Episoden von Frischs Leben herausarbeiten, die grob chronologisch geordnet sind. Dabei ist nicht so sehr das Veröffentlichungsdatum der jeweiligen Passagen ausschlaggebend, sondern vielmehr der Zeitpunkt der dargestellten Erfahrungen. Dass diese chronologische Anordnung im Laufe des Bandes immer weniger deutlich wird, ist kein Zufall. Es handelt sich wohl um ein realistisches Mittel, mit dem Johnson zeigen will, dass die verschiedenen Erfahrungen, die einer im Leben macht, Spuren hinterlassen, die sich im Laufe der Zeit vermischen. Innerhalb von bestimmten Themenblöcken ist die chronologische Anordnung noch deutlicher. Dass dies vor allem bei gesellschaftskritischen Texten der Fall ist (so zum Beispiel bei Themen wie »Mit den Deutschen« oder »Nationalität: Schweiz«), zeigt, dass Johnson der Entwicklung von Frischs politischer Haltung eine besondere Bedeutung beimisst.

23 »Versuche mit Liebe«, »Eifersucht in der Liebe«, »Heimatliche Jahreszeiten«, »Heimat«, »Reisen«, »Mit den Deutschen«, »Nationalität: Schweiz«, »Die Alternative U.S.A.«, »Die Alternative Sowjetunion«, »Kanonier Frisch, Max«, »Beruf: Architekt«, »Beruf: Schriftsteller«, »Recht & Ordnung«, »Manieren«, »Wer macht unser Bild«, »Die Biografie ist auch nicht mehr das was sie mal war«, »Öffentlichkeit als Partner«, »Dank an Kollegen und Zeitgenossen«, »Brecht«, »Sterben?« und »Leben, ja«.

24 Es handelt sich um die berühmte Passage »(Manchmal scheint auch mir, daß jedes Buch, so es sich nicht befaßt mit der Verhinderung des Krieges, mit der Schaffung einer besseren Gesellschaft und so weiter, sinnlos ist, müßig, unverantwortlich, langweilig, nicht wert, daß man es liest, unstatthaft. Es ist nicht die Zeit für Ich-Geschichten. Und doch vollzieht sich das menschliche Leben oder verfehlt sich am einzelnen Ich, nirgends sonst.)« Interessanterweise spielt Johnson auch kurz vor dem Ende der *Skizze eines Verunglückten*, die er Frisch 1981 zum siebzigsten Geburtstag geschenkt hat, auf diese Passage an. Siehe Uwe Johnson: *Skizze eines Verunglückten*, Frankfurt am Main 1982, S. 74f.

3.

Die Frage, ob Johnson mit dieser »Biographie« Max Frisch gerecht wird, ist deswegen so wichtig, weil der Schweizer Schriftsteller immer wieder die traditionelle Biographie in Frage gestellt hat, und zwar zunächst, weil sie nur die Fakten und nicht die Fiktionen der Person berücksichtige. Frisch hat die Bedeutung der Fiktionen oft hervorgehoben, wie hier in dem fiktiven Interview *Ich schreibe für Leser*:

Ein großer Teil dessen, was wir erleben, spielt sich in unsrer Fiktion ab, das heißt, daß das wenige, was faktisch wird, nennen wir's die Biografie, die immer etwas Zufälliges bleibt, zwar nicht irrelevant ist, aber höchst fragmentarisch.[25]

Er hat deswegen nach einer Alternative zur traditionellen Biographie gesucht:

Also was ist die Person? Geben Sie jemand die Chance zu fabulieren, zu erzählen, was er sich vorstellen kann, seine Erfindungen erscheinen vorerst beliebig, ihre Mannigfaltigkeit unabsehbar; je länger wir ihm zuhören, um so erkennbarer wird das Erlebnismuster.[26]

Dies wird im Roman *Mein Name sei Gantenbein* anschaulich, wo ein »Buch-Ich«[27] sich fast ausschließlich durch seine Fiktionen ausdrückt. Johnson hat Frischs Überlegungen umgesetzt und mit den *Stich-Worten* eine nicht-traditionelle Biographie entworfen, in der Frischs Fiktionen ein Drittel der Auswahl ausmachen. Johnson weist in seinem Vorwort auch explizit darauf hin:

[H]ier wird versucht, aus Stichworten eine Biografie von Max Frisch herzustellen nicht mit den üblichen Lebensdaten sondern solchen, die verwirklicht wurden im Umgang mit der heimatlichen wie der deutschen Sprache, in Versuchen mit Liebe, in Verletzungen durch Liebe, in der Ausübung von Berufen, im Nachdenken über die eigene Nation und in Bitten an Sie, in Besuchen bei den Deutschen [...].[28]

Dass Johnson in seiner Sammlung die Grenze zwischen dem Ich der Essays und dem der Romane nicht markiert, ist dabei von großer Bedeutung. Dadurch

25 Max Frisch: *Ich schreibe für Leser. Antworten auf vorgestellte Fragen*, in: ders.: *Gesammelte Werke in zeitlicher Folge*, hg. von Hans Mayer unter Mitwirkung von Walter Schmitz, Frankfurt am Main 1976, Bd. 5, S. 323–334, hier: S. 332.

26 Ebd.

27 Diesen Begriff verwendet Frisch selber in dem vorgestellten Interview *Ich schreibe für Leser*.

28 *Stich-Worte*, S. 10.

wird der Eindruck erweckt, als ob Frisch sich auch dort direkt ausspreche, wo es sich eigentlich um fiktionale Texte handelt. Johnson gibt den beiden Textsorten somit indirekt den gleichen biographischen Wert.[29]

Eine traditionelle Biographie würde auch gegen Frischs »Bildnisverbot« verstoßen. Sein berühmtes »Bildnisverbot«, eine säkularisierte Fassung des biblischen Gebots, formuliert der Schweizer zum ersten Mal ausdrücklich 1950 (im *Tagebuch 1946–1949*): »Du sollst dir kein Bildnis machen, heißt es, von Gott. Es dürfte auch in diesem Sinne gelten: Gott als das Lebendige in jedem Menschen, das, was nicht erfaßbar ist [...].«[30] Mit dem Band *Stich-Worte* wird ein bestimmtes Bild vom idealen Autor Max Frisch angeboten, das als Bildnis[31] fungieren könnte. In seiner Rezension »Frischs Werk in Stich-Worten«[32] hebt Oberholzer auch die Gefahr hervor, Frisch werde durch ein solches Werk als Klassiker, als Denkmal festgelegt. Johnson scheint sich der potentiellen Gefahr, die in dem Projekt steckte, bewusst gewesen zu sein: Er hat die wichtigsten Passagen des Textes *Du sollst dir kein Bildnis machen* in die *Stich-Worte* integriert,[33] Texte zum Thema Biographieproblematik unter dem Titel »Die Biographie ist auch nicht mehr das was sie mal war« gesammelt[34] und sonst alles unternommen, damit das Bild von Frisch, das er in den *Stich-Worten* entwirft, kein Bildnis wird. Zum einen hat er die thematische Vielfalt hervorgehoben. Wie er es selber in seinem Vorwort sagt, hat er Frisch nicht auf das Thema ›Identität‹ festgelegt:

Das ist jemand, der im Jahre 1957 zum ersten Mal ein Buch von ihm, *Stiller*, in die Hand bekommen hat und mit Neid feststellte, daß ein Mann der westlichen deutschsprachigen Literatur sich beschäftigen darf mit den Schwierigkeiten subjektiver Identität. Welche Art von Kommentar eben zu verlernen war und einzutauschen gegen den Entschluß, nie wieder einen Schriftsteller einzuengen auf eine noch so beweisbare Kategorie. Schon gar nicht diesen.[35]

29 Indem er bei bestimmten fiktionalen Texten, so zum Beispiel bei fast allen Auszügen aus dem Roman *Homo faber*, den Namen der betreffenden Figur am Ende der Passage hinzufügt, verhindert Johnson allerdings bei diesen Texten jegliche Verwechslung zwischen Frisch und seiner Figur.

30 Frisch (Anm. 25), Bd. 2, S. 369ff. Der Begriff »Bildnis« findet sich in Frischs Werk auf zwei Ebenen: einerseits als Vorurteil, als vorgebildetes Bildnis, das meistens kollektiv und unabhängig von der Identität des betreffenden Individuums verwendet wird, andererseits als nachgebildetes Bildnis, das einen Menschen in einer bestimmten Phase seines Lebens festlegt und ihn somit hindert, sich weiterzuentwickeln. Im Kontext der *Stich-Worte* ist Letzteres von Bedeutung.

31 Wichtig ist es hier, zwischen dem »Bild« (als notwendiger Vorstellungsbildung) und dem »Bildnis« (als erstarrtem Bild) zu unterscheiden.

32 Niklaus Oberholzer: Frischs Werk in Stich-Worten, in: Vaterland Luzern, 15. 9. 1975.

33 Siehe *Stich-Worte*, S. 44f. (*Versuche mit Liebe*) und S. 99, 101f. und 237 (*Wer macht unser Bild*).

34 Ebd., S. 123–129.

35 Ebd., S. 7.

Das Problem war Johnson nicht unbekannt: Was für Frisch das Thema ›Identität‹ war, waren für Johnson Begriffe wie »Dichter der beiden Deutschland« oder »Mutmaßungsstil«, mit denen er und sein Werk auf inhaltlicher oder formaler Ebene oft eingeengt wurden. Mit den einundzwanzig verschiedenen Themenblöcken bietet Johnson ein Bild von Frisch, das viele Facetten des Schriftstellers enthält und ihn somit so wenig wie möglich einschränkt. Zum anderen hat er gegen Unselds Wunsch »eine Struktur der Auswahl, die eine Entwicklung abbildet, verteidig[t] gegen eine solche, die [ihm] statisch ersch[ien]«.[36] Johnson wollte in Frischs Werk nämlich nicht nur die thematische Vielfalt, sondern auch die zeitliche Entwicklung zeigen. Er bietet also kein statisches Bildnis, sondern ein möglichst lebendiges Bild von Frisch. Johnson betont in seinem Vorwort schließlich auch mehrmals die Subjektivität und die Mangelhaftigkeit des Bildes, das er in dem Band *Stich-Worte* entworfen hat:

Unvermeidlich ist die Gefahr, daß er [Frisch, C.L.] hier nichts erfährt als etwas über die Haltung eines einzigen Lesers; unausweichlich ist die Sicherheit, daß er sich anders nimmt.[37]

Es versteht sich, daß die Gruppierung der Zitate mangelhaft ist. [...] So lässt sich darüber streiten, ob [...] und es ist zweifelhaft, ob [...]. Eingestandener Maßen macht der Auswählende mit solchen Zusammenstellungen dem Leser einen Blick zum Vorschlag, aber der Benutzer dieses Buches ist dringend aufgefordert, gegen diesen Blick zu lesen, nämlich mit dem eigenen. Es ist Widerspruch erwünscht.[38]

Diese Bemerkungen relativieren deutlich den Anspruch auf Verbindlichkeit und Allgemeingültigkeit des entworfenen Bildes.

4.

Auf Johnsons »Mitteilung« soll nun weiter eingegangen werden. Ansatzpunkte für die Untersuchung dieser Mitteilung liefert Frisch selber in der Einführungsrede, die er bei der Lese-Reise zu den *Stich-Worten* gehalten hat:

36 Uwe Johnson an Siegfried Unseld, 18. 9. 1975, in: Briefwechsel Unseld – Johnson (Anm. 3), S. 877.
37 *Stich-Worte*, S. 7.
38 Ebd., S. 8.

In seinem Vorwort spricht Uwe Johnson, als Herausgeber, von einer Mitteilung, die in dieser Auswahl enthalten ist. Was also nicht gemeint ist: eine sogenannte Blütenlese. Sondern eine Mitteilung vom Herausgeber. Das Ergebnis seiner Auswahl, so mutmasst Uwe Johnson, werde er (Max Frisch) weder ahnen noch im voraus berechnet haben können –

Das stimmt.

Texte, die man vergessen hat, als seine eignen erkennen zu müssen auf Grund der sprachlichen Manier – vergessen nicht nur im Wortlaut, ich habe nicht mehr gewusst, dass sie je geschrieben worden sind – vergessen, das heisst: verdrängt. Wäre Uwe Johnson nicht verhindert, hier zu stehen und selber solche Stichworte vorzulesen, er täte es mit der freundlichen Forderung, dass der Verfasser sich dazu bekenne.[39]

Als Beispiel für Verdrängtes zitiert Frisch seinen frühen Patriotismus, »der später abhanden gekommen ist«, sowie »allerlei Metaphern, die man sich später nicht mehr abnimmt«.[40] Nachdem er bei der Lektüre von Johnsons *Stich-Worten* mit diesen verdrängten Elementen wieder konfrontiert wurde, beteuert Frisch: »Also ich bekenne mich dazu.«[41] Mit den *Stich-Worten* will Johnson aber nicht nur Frisch dazu bringen, sich zu seinen frühen Texten zu bekennen, sondern er will auch auf das gleichzeitige Vorhandensein von »Konstanz« und »Variation innerhalb dieser Konstanz« hinweisen, das man als »Grundzug des Frischschen Werkes«[42] betrachten kann. Dazu äußert sich Frisch wieder in seiner Einführungsrede:

Vermutlich hat Uwe Johnson [...] diese Stichworte gesammelt, weil er schon im Gespräch öfter hat sagen müssen: Das haben Sie nämlich schon geschrieben, Herr Frisch, im Jahr 1949, ja, fast wortwörtlich. Gehe ich also im Kreise herum? Es bleibt

39 Briefwechsel Frisch – Johnson (Anm. 6), S. 146. Die ursprünglich geplante gemeinsame Lese-Reise, auf der Frisch aus *Montauk* und Johnson aus den *Stich-Worten* vorlesen sollte, konnte wegen Johnsons gesundheitlicher Probleme nicht unternommen werden.

40 Ebd.

41 Ebd. Ähnliches tut Frisch 1981 in seinen New Yorker Poetikvorlesungen. Vgl. Max Frisch: *Schwarzes Quadrat. Zwei Poetikvorlesungen*, Frankfurt am Main 2008. Der Herausgeber Daniel de Vin kommentiert in seinem Vorwort: »Die Vorlesungen sind so strukturiert, daß der Siebzigjährige, in der Konfrontation mit von ihm selber ausgewählten eigenen Aussagen aus früheren Jahrzehnten, seine derzeitige Haltung überprüft« (ebd., S. 10).

42 Steinmetz (Anm. 7), S. 189.

die Hoffnung, wenigstens sei es eine Spirale. Zum Beispiel durch langsames Ansteigen politischen Bewusstseins...[43]

Einerseits zeige Johnson in seiner Sammlung, dass sich bestimmte Elemente in Frischs Werk wiederholen,[44] andererseits werde darin auch klar, dass sich einiges, wie zum Beispiel Frischs politische Haltung, entwickelt hat. Das Bild der »Spirale« enthält beide Momente. Mit dem Band *Stich-Worte* zeigt Johnson indirekt aber auch, dass Frisch 1975 manchmal das Gegenteil dessen behauptet, was er in früheren Werken geschrieben hat. Darauf weist Frisch im letzten Teil seiner Einführung hin:

Es fragt sich natürlich, was der Leser von einem solchen Buch hat, abgesehen von der Irritation, dass es preisgünstig ist. Der Leser: der nicht-schreibende Zeitgenosse, dem man nicht unter die Nase halten kann, was er nämlich schon 1949 gesagt hat, ja, fast wortwörtlich, oder 1968, nämlich das Gegenteil dessen, was er heute sagt mit einer Miene, als habe er nie anders geredet.[45]

Dass es sich dabei vor allem um die autobiographische Erzählung *Montauk* handelt, macht Frisch mit seinen abschließenden Worten klar: »Ein neues Buch, das in diesen Tagen erscheint, ist Uwe Johnson, als er seine Stichworte gesammelt hat, im Manuskript bekannt gewesen; seine Stichworte sind zum Teil, so vermute ich, als Mahnungen dazu gemeint.«[46] *Montauk*, das 1975 im Zentrum des Gesprächs zwischen Johnson und Frisch steht, ist »[n]icht nur ein neues Buch, sondern auch ein neuer Max Frisch«,[47] es ist »eine autobiographische Korrektur früherer Selbstdarstellung und eine Revision der bisher gültigen ›Poetik‹.«[48] Frisch versucht damit zum ersten Mal, direkt autobiographisch zu schreiben, »ohne irgend etwas dabei zu erfinden«.[49] Die Vermutung, die *Stich-Worte* seien als Mahnungen zu *Montauk* gemeint, lässt zusammen mit Frischs Kommentar, er betrachte Johnsons Sammlung als »einen Auftrag, dass [er sich] nicht fallen lasse«,[50] darauf schließen, dass der Band *Stich-Worte* eine besonders

43 Briefwechsel Frisch – Johnson (Anm. 6), S. 147.

44 Hier sei an die Wiederholung von bestimmten thematischen Komplexen in den *Stich-Worten* erinnert. Siehe oben.

45 Briefwechsel Frisch – Johnson (Anm. 6), S. 147.

46 Ebd.

47 Dieter Bachmann: Auf der Suche nach der Gegenwart. Die Erzählung *Montauk*: nicht nur ein neues Buch, sondern auch ein neuer Max Frisch, in: Die Weltwoche, 1. 10. 1975.

48 Gerhard vom Hofe: Zauber ohne Zukunft. Zur autobiographischen Korrektur in Max Frischs Erzählung *Montauk*, in: Walter Schmitz (Hg.): Max Frisch, Frankfurt am Main 1987, S. 340–369, hier: S. 342.

49 Max Frisch: *Montauk*, in: Frisch (Anm. 25), Bd. 6, S. 671.

50 Briefwechsel Frisch – Johnson (Anm. 6), S. 129.

große Rolle für Frischs Werk gespielt haben dürfte. Er könnte nämlich dazu beigetragen haben, Frisch, der nach der Niederschrift von *Montauk* im Jahre 1975 sein literarisches Werk für abgeschlossen hielt[51] und sich die *Stich-Worte* ursprünglich als eine »Obduktion«[52] vorstellte, wieder zum Schreiben zu bewegen. Sollte dies tatsächlich der Fall gewesen sein, so handelte es sich hier um den bedeutendsten Einfluss, den Johnson je auf Frisch ausgeübt hat.

51 »Ich dachte, das sei das letzte Buch.« (Zit nach: Ruth Vogel: »Dies ist ein aufrichtiges Buch, Leser, und was verschweigt es und warum?« Max Frisch, *Montauk*: Einblick in die Typoskripte, in: editio. Internationales Jahrbuch für Editionswissenschaft 16 [2002], S. 117–134, hier: S. 133.) Frisch betont es erneut 1982 im Gespräch mit Michel Contat: »*Montauk* était une sorte d'adieu, un adieu serein, à l'écriture.« (Bernard Poirot-Delpech [Hg.]: Entretiens avec le monde, Bd. 2, Paris 1984, S. 77)

52 Briefwechsel Frisch – Johnson (Anm. 6), S. 120.

Katja Leuchtenberger

New Yorker Bratenfett und literarische Ostereier. Fritz Rudolf Fries liest Uwe Johnson[1]

»Er hatte den bibliophilen Blick, der reicht durch Jahrtausende, begrenzt sich an der Seitenzahl des Quartformats«,[2] heißt es gleich im zweiten Satz des Romans *Der Weg nach Oobliadooh* von Fritz Rudolf Fries über die Hauptfigur Arlecq, und wie zum Beweis werden Arlecq sofort einige Verse des spanischen Barocklyrikers Luis de Góngora y Argote in den Mund gelegt.[3] Schon im ersten Absatz seines erstveröffentlichten Romans erklärt Fries die Kunst des literarischen Erbens also zum Programm, und dass er sich in dieser Kunst seither und stets von neuem als Meister erwiesen hat, ist eine solche Binsenweisheit, dass es fast überflüssig scheint, darauf hinzuweisen.

Gleichwohl - es ist wichtig. Denn wenn im Folgenden einige Spuren verfolgt werden, die Uwe Johnson im literarischen Werk von Fritz Rudolf Fries hinterlassen hat, so ist das Wissen um die Virtuosität, mit der Fries sich in der Weltliteratur bedient, stets präsent zu halten. Von Jean Paul bis García Lorca, von Charles Perrault bis Pablo Neruda, von Marcel Proust bis Bertolt Brecht, von der Bibel bis zum *Don Quijote* knüpft der äußerst belesene Fries in seinem Werk die intertextuellen Bezüge zu einem dichten Netz, das eben *auch* - aber keinesfalls *nur* - bis zu Uwe Johnson reicht. Dabei schöpft er aus einem ganz anderen Fundus als Uwe Johnson, der sich mit seiner Vorliebe für die Kunst des »höheren Abschreibens«[4] ebenfalls in der Weltliteratur bedient.

1 Der Beitrag basiert auf einem gleichnamigen Vortrag, gehalten am 8. März 2008 im Rahmen des Kolloquiums »Uwe Johnson und die DDR-Literatur« im Uwe Johnson Literaturhaus in Klütz.

2 Fritz Rudolf Fries: *Der Weg nach Oobliadooh*, Frankfurt am Main 1966, S. 9; im Folgenden zit. als OB, Seite.

3 »Las flores del romero niña Isabel hoy son flores azules manaña seran mile« (OB, 9).

4 Holger Helbig: Vom Material zum Roman. Zitieren und Erzählen in Uwe Johnsons Roman *Jahrestage*, in: Text + Kritik 65/66: Uwe Johnson, 2. Aufl.: Neufassung, München 2001, S. 149–169, hier: S. 162.

Während Johnson dabei eher dem deutschen und anglo-amerikanischen Traditionsraum verpflichtet ist, beerbt der im spanischen Bilbao geborene studierte Hispanist Fries immer wieder auch die spanischen Klassiker und die »phantastischen Romanwelten«[5] der Lateinamerikaner, die er in vielen Fällen sogar selbst übersetzt hat.[6] Dieses unterschiedliche Erbe schlägt sich nicht zuletzt auch im Stil nieder, denn natürlich unterscheidet sich die überbordende, leichtfüßig fabulierende und fantastische Schreibweise von Fritz Rudolf Fries erheblich von dem bei aller Modernität und sprachlicher Schönheit sehr formstrengen, geradezu architektonisch durchkonstruierten Stil Uwe Johnsons.

So viel Unterschiedlichkeit im Profil sei vorweg bemerkt, bevor die literarischen Bezüge zwischen Uwe Johnson und Fritz Rudolf Fries an einigen Beispielen gezeigt werden. Denn bei aller Verschiedenheit sind die Parallelen frappierend – in der Produktion ebenso wie in der Rezeption –, und ein Blick in den bisher unveröffentlichten Briefwechsel zwischen Johnson und Fries bestätigt den Befund, den die Texte nahe legen: Fries hat sich in seinem Schreiben stets *auch* an Uwe Johnson orientiert, den er vom Studium im Leipzig der fünfziger Jahre flüchtig kannte, ohne in diesen frühen Jahren persönlich mit ihm in Kontakt getreten zu sein.[7]

Die Parallelität beginnt schon, bevor die beiden Autoren überhaupt öffentlich in Erscheinung treten, denn beide starten ihre Laufbahn mit einem unveröffentlichten Erstling, den sie während des Studiums in Leipzig geschrieben hatten und dann in der DDR nicht veröffentlichen konnten: Johnson fand 1956 für *Ingrid Babendererde* weder im Osten noch im Westen einen Verlag, Fries ging es 1957 mit dem *Septembersong* ähnlich.

Die erste große Publikation beider Autoren erfolgte also mit einem unveröffentlichten Erstling in der Schublade. Daraus folgt, dass ein wesentlicher Teil ihrer literarischen Entwicklung der öffentlichen Rezeption vorenthalten blieb und beide Autoren mit ihrem jeweils zweiten Roman gleich als mehr oder weniger ›fertige Meistererzähler‹ an die Öffentlichkeit traten: Johnson im Jahr 1959 mit *Mutmassungen über Jakob*, Fries sieben Jahre später, 1966, mit *Der Weg nach Oobliadooh*. Beide Romane konnten in der DDR wiederum nicht

5 Michael Töteberg: Fritz Rudolf Fries, in: Heinz Ludwig Arnold (Hg.): Kritisches Lexikon zur deutschsprachigen Gegenwartsliteratur, München o. J., Stand 1. 8. 1996, S. 2.

6 Fries übersetzte u. a. Calderón de la Barca, Julio Cortázar, César Vallejo und Federico García Lorca; ein Verzeichnis seiner Übersetzungen gibt Töteberg (Anm. 5), S. E–I.

7 Johnson besuchte 1954–56 die Universität in Leipzig, wo Fries seit 1953 Anglistik und Romanistik studierte und sein Examen 1958 in Hispanistik ablegte; Fries erinnert sich: »man sah sich in [Hans] Mayers Vorlesungen im Hörsaal 40.« (Fritz Rudolf Fries: *Diogenes auf der Parkbank. Erinnerungen*, Berlin 2002, S. 201)

gedruckt werden und wurden daher im Westen, im Suhrkamp Verlag, publiziert.

Fries' Roman erschien allerdings viereinhalb Jahre *nach* dem Bau der Mauer, und so konnte der Autor nicht, wie noch Uwe Johnson, zeitgleich mit seinem Buch in den Westen ›umziehen‹. Stattdessen blieb er in der DDR, wo er im Zusammenhang mit der Drucklegung von *Oobliadooh* seine Stelle als Assistent an der Akademie der Wissenschaften verlor und als Schriftsteller nachhaltig ignoriert wurde. Fortan war der dreifache Familienvater für lange Zeit arbeitslos in einem Land, das die Arbeitslosigkeit offiziell nicht kannte. Während *Der Weg nach Oobliadooh* im Westen ein viel beachteter Debüterfolg wurde, war Fries im Osten kaltgestellt im Strudel des kulturpolitischen Kahlschlags, der in der DDR nach dem berüchtigten 11. Plenum des ZK um sich griff. Er geriet in eine Situation, die wie eine nicht gelebte Variante des johnsonschen Berufslebens erscheint: ein arbeitsloser Schriftsteller in der DDR, der in dem Land, in dem er lebt, nicht gelesen, sondern literarisch ignoriert, aber staatssicherheitsdienstlich um so intensiver beobachtet wird[8] und der die Texte, mit denen er sich für *seinen* literarischen Markt qualifizieren kann, erst noch schreiben muss. Erst acht Jahre und zwei kleinere Prosa-Bände später[9] wurde Fries 1974 mit seinem zweiten Roman *Das Luft-Schiff*[10] auch in der DDR als Schriftsteller wahrgenommen und konnte von nun an seinen Ruf festigen, eine weltläufige »Ausnahmeerscheinung« in der »provinzielle[n] Enge«[11] des DDR-Literaturbetriebs zu sein.

Derweil war Johnson in der Bundesrepublik längst zu einer zentralen Größe des Literaturbetriebs geworden, hatte mit zwei Jahren New York an Erfahrung und Distanz gewonnen, war mit dem Georg-Büchner-Preis geehrt worden, hatte drei Bände *Jahrestage* vorgelegt und stand bereits kurz vor der großen

---

8 Schon das erste Gespräch über den *Oobliadooh*-Roman mit Johnson und Hans Magnus Enzensberger sowie die Vertragsunterzeichnung mit Siegfried Unseld erfolgten unter Beobachtung der Staatssicherheit (vgl. Joachim Walther: Sicherungsbereich Literatur. Schriftsteller und Staatssicherheit in der Deutschen Demokratischen Republik, Berlin 1996, S. 336). Auch nach der West-Veröffentlichung von *Oobliadooh* blieb Fries im Visier der Staatssicherheit, die sich regelmäßig über ihn informieren ließ, »seit Sommer 1970« wurde er »im Vorlauf-Operativ ›Autor‹ [...] wegen des Verdachts staatsfeindlicher Hetze [...] bearbeitet« (ebd., S. 509). Ab Herbst 1972 verstrickte sich Fries dann selbst in den Fängen der Staatssicherheit; vgl. hierzu Katja Leuchtenberger: Spiel. Zwang. Flucht. Uwe Johnson und Fritz Rudolf Fries. Ein Rollenspiel in Briefen, in: Ulrich Fries, Robert Gillett, Holger Helbig, Astrid Köhler, Irmgard Müller (Hg.): So noch nicht gezeigt. Uwe Johnson zum Gedenken, London 2004, Göttingen 2006, S. 45–68, hier: S. 63, Anm. 80.

9 Fritz Rudolf Fries: *Der Fernsehkrieg. Erzählungen*, Halle 1969; ders.: *See-Stücke*, Rostock 1973.

10 Fritz Rudolf Fries: *Das Luft-Schiff. Biografische Nachlässe zu den Fantasien meines Großvaters*, Rostock 1974.

11 Töteberg (Anm. 5), S. 2.

Schaffenskrise, die sein literarisches Schreiben ab Mitte der siebziger Jahre langfristig ins Stocken bringen würde.

So unterschiedlich sich die Biografien also entwickelten, so vergleichbar bleiben sie doch in ihren literarischen Anfängen, zumal beide Autoren die Erfahrung teilten, gleich zwei Romane offiziell nicht dem Publikum vorlegen zu können, für das sie sie eigentlich geschrieben hatten, nämlich der Leserschaft in der DDR. Dass *Der Weg nach Oobliadooh* erst 1989, also kurz vor Ende der DDR, im Aufbau Verlag in Ost-Berlin erscheinen konnte,[12] ist ebenso bekannt wie die Tatsache, dass Johnsons *Mutmassungen* und auch seine posthum veröffentlichte *Ingrid* gar nicht in der DDR verlegt wurden; der *Septembersong* von Fries kam erst 1997 heraus,[13] vierzig Jahre nach seinem Entstehen und lange nach dem Ende der DDR.

Dieser offiziellen Nicht-Existenz zum Trotz waren die beiden erstveröffentlichten Romane – *Mutmassungen* und *Oobliadooh* – natürlich auch in der DDR präsent als wichtige literarische Bezugsgrößen, und bis heute stehen sie mit ihrer souveränen Modernität und ihrer formalen Eigenständigkeit für so etwas wie eine verhinderte DDR-Literatur.

In dem Maße, in dem Fries während der siebziger Jahre an Anerkennung und Popularität in der DDR gewann, wurde auch das Sprechen über sein verhindertes Debüt enttabuisiert. 1979 – im Jahr, in dem er mit dem Heinrich-Mann-Preis geehrt wurde[14] – durfte er sich erstmals öffentlich zu *Oobliadooh* äußern in einem Gespräch, das in den »Weimarer Beiträgen« abgedruckt und von einem Essay Friedrich Albrechts flankiert wurde.[15] Dieser Essay widmet *Oobliadooh* sogar eine recht umfangreiche Analyse und bemüht sich mit einer ideologiekonformen Interpretation um eine vorsichtige Rehabilitierung.

Dass Uwe Johnson in der DDR gelesen wurde und dabei stilbildend wirkte, steht außer Frage und ist inzwischen Gegenstand spannender Einzeluntersuchungen geworden. Auch Fritz Rudolf Fries gehörte zu den Johnson-Lesern der ersten Stunde. Selbstverständlich kannte er die *Mutmassungen*, und seinen *Weg nach Ooblidaooh* bezeichnete er selbst in jenem Interview, in dem er 1979 erstmals über diesen in der DDR nicht gedruckten Text sprechen durfte, als eine »Entgegnung auf Johnsons *Mutmaßungen* [sic] *über Jakob*«.[16]

12 Fritz Rudolf Fries: *Der Weg nach Oobliadooh*, Berlin 1989.

13 Fritz Rudolf Fries: *Septembersong*, Hamburg 1997.

14 Fries erhielt diesen einzigen Literaturpreis, der ihm in der DDR je verliehen wurde, allerdings nicht für seine Prosa, sondern für seine Lope de Vega-Biografie: Fritz Rudolf Fries: *Lope de Vega*, Leipzig 1977.

15 Friedrich Albrecht: Interview mit Fritz Rudolf Fries, in: Weimarer Beiträge 3 (1979), S. 38–63; ders.: Zur Schaffensentwicklung von Fritz Rudolf Fries, in: ebd., S. 64–92.

16 In: Albrecht: Interview (Anm. 15), S. 52.

Tatsächlich beschreiben *Mutmassungen* und *Ooblidaooh* eine ähnliche Zickzackbewegung über die innerdeutsche Grenze: Sowohl Johnsons Jakob als auch Paasch und Arlecq, die beiden Protagonisten von Fries, gehen vom Osten in den Westen und wieder zurück, und zwar in der zweiten Hälfte der fünfziger Jahre, als es die Mauer noch nicht gab.

Jakob Abs besucht Gesine Cresspahl in Düsseldorf, doch er lehnt die Rolle des »frischen Ostflüchtlings«,[17] in die man ihn dort einsperren will, von vornherein ab; er kann »nicht einfach durchgehen lassen was [Gesine] harmlos übersah« (MJ, 264), und der Westen bleibt ihm fremd. Weil sein Grenzübertritt von Stasi-Hauptmann Rohlfs geduldet war, steht auch seiner Rückkehr in den Osten zumindest strafrechtlich nichts im Wege. Allerdings war ihm sein Alltag als Dispatcher schon vorher entglitten, hatte sein Selbstbild als Bürger des sozialistischen Staates schon vorher so tiefe Risse bekommen, dass er im Osten ebenfalls fremd geworden ist; er gehört nirgends mehr hin und kommt direkt nach seiner Rückkehr unter ungeklärten Umständen auf den Gleisen zu Tode.

Paasch und Arlecq machen sich dagegen mit ihrem Grenzübertritt von Leipzig via Ost-Berlin nach West-Berlin der Republikflucht schuldig und müssen zunächst in das Aufnahmelager Marienfelde. »Obwohl die Bücher gut waren, das Wetter, der Kaffee, die Apfelsinen, die Zigaretten, die Filme mit Liz Taylor oder Marlon Brando« (OB, 224), bleibt auch ihnen der Westen fremd – sie können ihr Sehnsuchtsland *Oobliadooh* nicht finden im Konsumparadies West-Berlin, und auch sie treten den Rückweg in den Osten an. Um dem strafrechtlichen Tatbestand der Republikflucht zu entgehen, inszenieren sie sich kurzerhand als Entführungsopfer: Sie seien von einem Herrn mit amerikanischem Akzent erpresst worden, sich in Heidelberg im »Spezialistenlehrgang für Agenten und Diversanten« ausbilden zu lassen, »um von da zurückzukehren mit Aufträgen zur Wühlarbeit gegen die Fundamente ihres Staates« (OB, 232). Die Villa im amerikanischen Sektor in Berlin-Zehlendorf, die sich Paasch und Arlecq für dieses erpresserische Gespräch ausdenken, imaginieren sie wie »eine Filmszene« (OB, 232), und sicher nicht zufällig erinnert die Szenerie an die erste Begegnung zwischen Gesine Cresspahl und Jonas Blach vor einer amerikanischen Villa in Berlin-Zehlendorf, die in den *Mutmassungen über Jakob* ebenfalls mit filmischen Motiven durchsetzt ist (vgl. MJ, 198f.).

Mit ihrer wüsten Entführungsstory gelangen Paasch und Arlecq zu neuen Pässen und sogar zu einiger Berühmtheit – eine Rückkehr in den Alltag gelingt ihnen allerdings ebenso wenig wie Jakob Abs. Im Gegensatz zu Jakob haben sie einen regelmäßigen Alltag vor ihrem Ausbruch in den Westen noch gar nicht gekannt, sich vielmehr nach Abschluss ihres Studiums – Philologe der eine,

17 Uwe Johnson: *Mutmassungen über Jakob*, Frankfurt am Main 1974, S. 281; im Folgenden zit. als MJ, Seite.

Zahnarzt der andere – gegen eine Festlegung auf Beruf, Alltag und Ehe massiv gewehrt. Auch nach ihrer Rückkehr in den Osten versuchen sie noch, den »Schicksals- und Gemeinschaftsfaden einer auf sich selbst eingeschworenen Jugend« (OB, 332f.) enger zu knüpfen. Indessen – es gelingt ihnen nicht: Während Paasch zum Alkoholentzug in einer Klinik landet, stellt sich Arlecq zähneknirschend den Pflichten der Vaterschaft, die auf ihn zukommen.

Die Zickzackbewegung über die Grenze von Ost nach West nach Ost ist in Uwe Johnsons *Mutmassungen* zu einem Lehrstück der politischen Heimatlosigkeit ausgeformt. Unter der Feder von Fritz Rudolf Fries, der bis in einzelne Wendungen hinein – etwa die von den »Städten Berlin«[18] – Uwe Johnson alludiert, wird aus derselben Bewegung ein Lehrstück über den Abschied von der Jugend, oder – um es mit den Worten Arlecqs zu sagen – über den »dialektischen Umwandlungsprozeß [...], bei dem aus Idealen Enttäuschung wird, Anpassung, ich weiß nicht was« (OB, 286). Freilich ist auch dies mit durchaus politischer »Zündschnur gewirkt und geknüpft«[19] und war entsprechend explosiv in den Ohren der DDR-Zensoren. Die Sprengkraft beider Romane liegt darin, dass nicht nur der Westen, sondern auch der Osten zu einem Ort des Scheiterns wird. Die Frage »Gehen oder Bleiben« wird in beiden Texten zur Aporie, das gelingende Leben wird an einen utopischen dritten Ort verlagert: »*Was ich hätte sagen können war ich möchte auf die Wolken*« (MJ, 296), heißt es im biblisch-schweren Johnson-Ton der *Mutmassungen.* »Paasch singt das Lied von der Prinzessin. In the land of Oobliadooh« – »Wo immer das liegt« (OB, 316), heißt es im nur scheinbar leichtfüßigen Sound des Jazz bei Fritz Rudolf Fries.

Die hier nur grob skizzierte Parallelität der beiden Romane wäre sicher einmal eine genauere Untersuchung wert. Sie zeitigte ihre Wirkung nicht nur im Schicksal der verhinderten DDR-Publikation, sondern auch in einer vergleichbaren Rezeptionsgeschichte im Westen. Die ersten *Oobliadooh*-Rezensionen betonten vor allem die deutsch-deutsche Thematik des Romans. Der Suhrkamp Verlag nahm diese Tendenz in seinen Werbemitteln gezielt auf[20] und sorgte so

18 OB, 138; vgl. Uwe Johnson: *Berliner Stadtbahn*, in: Merkur 162, 15. Jg. (1961), S. 722–733; zit. nach: ders.: *Berliner Sachen. Aufsätze*, Frankfurt am Main 1975, S. 7–21, hier: S. 9.

19 Fritz Rudolf Fries an Uwe Johnson, Petershagen, 23. 1. 1968 (unveröffentlicht, Uwe Johnson Archiv: Signatur Fri, F-25). Für die freundliche Genehmigung, aus den bislang nicht veröffentlichten Briefen zitieren zu dürfen, danke ich Fritz Rudolf Fries sowie dem Leiter des Uwe Johnson Archivs, Dr. Eberhard Fahlke. Im Folgenden werden die Briefe abgekürzt nachgewiesen als: Nachname an Nachname, Ort, Datum (unveröffentlicht, UJA: Signatur).

20 Viele Rezensionen tendierten in diese Richtung, die der Suhrkamp Verlag gezielt betonte, indem er z. B. für ein Faltblatt eine Rezension mit dem entsprechenden Schlüsselwort als Werbetext wählte: »Dieses Buch könnte leicht die Lieblingslektüre einer jungen Generation werden, von der man sagt, sie denke neu und gesamtdeutsch.« (Suhrkamp Verlag: Ausgewählte Bücher 1966;

dafür, dass Uwe Johnson sich das zweifelhafte Attribut »gesamtdeutsch« fortan mit Fritz Rudolf Fries teilen konnte; das New Yorker »Time Magazine« erklärte Johnson und Fries im direkten Vergleich ihrer Debütromane kurzerhand zu den einzigen »gifted novelist[s]« der »people's republic of East Germany«.[21] Derart in eine gemeinsame Schublade gesperrt, tauschten sich Johnson und Fries schriftlich über die Zwecklosigkeit aus, sich gegen solche Etikettierungen zu wehren.[22]

Fries hatte den Kontakt zu Johnson gezielt gesucht, als sein *Oobliadooh*-Manuskript fertig war, und Johnson hatte sich im Suhrkamp Verlag nachdrücklich und mit einem schriftlichen Gutachten für dessen Publikation eingesetzt.[23]

Als diese Vermittlungstätigkeit abgeschlossen war, begann Anfang 1966 auch der Briefwechsel zwischen Johnson und Fries, der vor allem in der Anfangsphase im Ton eines produktiven Werkstattgesprächs gehalten war.

Im September 1966 – der Briefwechsel hatte gerade erst begonnen – schickte der arbeitslose und ohne jede Publikationsaussicht in der DDR kaltgestellte Fries seine Erzählung *Joshua fit the battle* mit der Widmung »Für U. J.«[24] an Uwe Johnson nach New York. Die Erzählung ist eine anspielungsreiche Replik auf Johnsons Parabel *Jonas zum Beispiel*, die 1964 im Band *Karsch, und andere Prosa* erschienen war. Beide Texte bearbeiten eine alttestamentarische Vorlage: Johnson macht aus der Geschichte von Jona, der der Stadt Ninive im Auftrag Gottes ihren Untergang verkünden soll und dann damit hadert, dass Gott die Stadt begnadigt, eine Parabel über die Frage nach Recht und Unrecht, die zeitlos und aktuell zugleich ist. Fries bearbeitet die Geschichte von Josua, der im Auftrag Gottes mit Posaunen die Stadtmauern von Jericho zu Fall bringt, die Stadt vernichtet und ihren Wiederaufbau verflucht. Wie Johnson stellt auch Fries die überzeitliche Frage nach Recht und Unrecht und wendet sie in die Gegenwart des Mauerbaus.

Doch Johnson zeigte sich distanziert. Zwar reagierte er in einem Brief an Fries zunächst als sensibler Lektor, der sich ganz »Ihrer Meinung« zeigt und minimale, aber zielgenaue sprachliche Korrekturen vorschlägt, »um die Span-

---

vgl. Horst Laube: Der Weg von Leipzig nach Oobliadooh. Zum erstaunlichen Romanerstling des DDR-Autors Fritz Rudolf Fries, in: Neue Rhein-Zeitung, 23. 4. 1966.)

21 Drang nach Osten. *The Road to Oobliadooh* by Fritz Rudolf Fries, in: Time Magazine, 10. 1. 1969, S. 61f., hier: S. 61.

22 Johnson, der im Umgang mit dieser Art von Schubladendenken bereits geübt war, schlug dem etwas ratlosen Fries ironisch vor: die »Urkunde« des ›gesamtdeutschen Dichters‹ »wuerde ich mir aufheben. [...] Sie werden diesen Hut zu tragen wissen, gerade weil es durch ihn regnet.« (Johnson an Fries, New York, 8. 9. 1966, in: Leuchtenberger [Anm. 8], S. 49, Anm. 16)

23 Vgl. ebd., S. 46f.

24 Fritz Rudof Fries: *Joshua fit the battle*, in: Uwe Neumann (Hg.): Johnson-Jahre. Zeugnisse aus sechs Jahrzehnten, Frankfurt am Main 2007, S. 219–221, hier: S. 219.

nung zwischen dem antiken Material und dem neuen Gedanken noch mehr auszunuetzen«.[25]

Knapp zweieinhalb Jahre später begegnete ihm der Text jedoch erneut, als er im Februar 1969 nach langem Hin und Her für den Suhrkamp Verlag das Lektorat für eine Sammlung von Fries-Erzählungen besorgte. Mit Blick auf eine potenzielle Veröffentlichung konnte die *Joshua*-Erzählung vor seinem strengen Auge nicht bestehen: Sein Urteil, so schrieb Johnson an Siegfried Unseld und schickte eine Kopie seiner Einschätzung auch an Fries, stehe hier »auf der Kippe«,[26] aber der Text »irritier[e]« ihn »wegen der Verbindung dieser Nacherzählung mit einem Muster, durch die Widmung, und weil das Muster im Grunde nicht sehr variabel ist«.[27] Mit anderen Worten: das intertextuelle Spiel, das Fries mit seiner *Joshua*-Erzählung zu Johnsons *Jona*-Parabel herstellt, gefällt Johnson nicht, er hält die Replik für schwach und möchte seinen eigenen Text nicht dergestalt variiert wissen.

Fries hatte sich für die wenigen brieflichen Korrekturvorschläge Johnsons seinerzeit übrigens mit den lapidaren Worten »sie sind akzeptabel« bedankt,[28] sie aber dennoch nicht übernommen, als er den *Joshua*-Text für den Erzählungsband *Der Fernsehkrieg* dann bei Suhrkamp einreichte. Der Band erschien 1969 sowohl im Mitteldeutschen Verlag in Halle als auch im Suhrkamp Verlag in Frankfurt am Main. Die Erzählung *Joshua fit the battle* ist nicht enthalten.

Wohl aber ist die titelgebende Erzählung *Der Fernsehkrieg* enthalten, in der sich ebenfalls deutliche Spuren von Uwe Johnson finden lassen.

Fries hatte sich von Johnson, der im Sommer 1966 nach New York übergesiedelt war, amerikanische Erfahrungen und Beobachtungen aus erster Hand gewünscht. Diesem Wunsch entsprechend, nutzte Johnson seine Briefe an Fries – wie auch seine Briefe an viele andere Korrespondenz-Partner – mitunter für kleine literarische Skizzen aus seinem New Yorker Alltag, die sich im Nachhinein wie Fingerübungen zu den *Jahrestagen* lesen. An Fries schrieb er im Oktober 1966:

Die Autos, die ueber [die] beiden Etagen [der George Washington Bridge] wummern, lassen sie leicht zittern. Die beiden Pylone, zwischen denen sie aufgehaengt ist, Tore der Stadt und New Jerseys, waren im gruenen Wasser delikat abgebildet. Schon oberhalb des Ufers vermittelt sie Fliegeblicke auf Schnellstrassen, Eisenbahn, Herbstlaub; ueber dem Hudson ist jede Spucke zu gross für ein Motorboot. In den

25 Johnson an Fries, New York, 8. 9. 1966 (unveröffentlicht, UJA: Fri, F-12).

26 Uwe Johnson an Siegfried Unseld, Berlin, 16. 2. 1969, in: Uwe Johnson – Siegfried Unseld. Der Briefwechsel, hg. von Eberhard Fahlke und Raimund Fellinger, Frankfurt am Main 1999, S. 539.

27 Ebd., S. 542.

28 Fries an Johnson, Petershagen, 10. 10. 1966 (unveröffentlicht, UJA: Fri, F-13).

Pylonen sind Aufzuege für die Brueckenmeister, die einen Diebstahl verhindern sollen. Der Abwasserdruck New Jerseys ist markiert durch hellere Wasserfarbe und einen Saum Abfallstuecke. Von da aus waren die Manhattanzacken dunstig. In New Jersey loeste sich die Bruecke auf in ein Geschlinge von Abfahrten, Auffahrten, Ueberleitungen, so dass wir mit einem Bus nach Sueden fuhren und bei der 41. Strasse wieder unter dem Hudson hindurch kamen, von dem wir nun sagen koennen, wir seien ueber, auf, und unter ihm gewesen, und niemals in ihm.[29]

Fries ist entzückt: »Den johnsontext [sic] zur Brücke habe ich zwischen Ihre Bücher ins Regal geklemmt, ein paar Fakten daraus hab ich mir ausgeborgt für eine Geschichte«,[30] schreibt er nach New York, und Johnson freut sich, dass er »ein bisschen Bratenfett«[31] zu einer Erzählung beisteuern konnte.

In der Tat findet er Teile seines Brücken-Briefes in der Erzählung *Der Fernsehkrieg* wieder, als er die Fries-Erzählungen 1969 lektoriert. Während Johnson die Brücke jedoch aus der Perspektive desjenigen skizziert hatte, der direkt auf dem riesigen Bauwerk steht und von dort herab die »Fliegeblicke auf Schnellstrassen« erlebt, der also die Dimension der Brücke mit den eigenen Sinnen erfahren kann, kehrt Fries die Blickrichtung exakt um:

Dieser Mr. Honk neben Tante Helen und dem Hühnerhund steht groß vor Wolkenkratzern und Hängebrücken, die nur von Europa aus wie Spielzeug aussehen. In Wirklichkeit, lesen wir aus New York, fahren da Züge im Innern des Brückenweges und darüber noch eine Schicht Fahrzeuge und Fußgänger, und die Pylonen, zwischen denen eine Brücke aufgehängt ist, ragen weit in den Himmel, und von ihrem höchsten Punkt, vermutlich, signalisieren die Brückenmeister (die mit einem Aufzug durch die Pylonen fahren können, man bedenke) den Flugzeugen die Richtung.[32]

Nicht *auf* der Brücke steht der Betrachter nun, sondern *vor* der Brücke, oder genauer: vor dem, was der Fotograf seiner Tante, die sich für das Erinnerungsbild postiert hat, von der Brücke einfängt. Der Blick wird auf die Perspektive eines Erinnerungsfotos gestutzt, und damit wird auch die Brücke selbst auf Spielzeuggröße reduziert. Erst die in den Text einmontierten, von Johnson gelieferten Fakten korrigieren diese reduzierte Sichtweise und geben eine Vorstellung von der wahren Dimension der Brücke. Die sinnliche Unmittelbarkeit von Johnsons Erfahrungsbericht – das Wummern und Zittern, die »Fliegeblicke« und die Spucke, die ein ganzes Motorboot verdeckt – kann der Ich-

29 Johnson an Fries, New York, 31. 10. 1966 (unveröffentlicht, UJA: Fri, F-14).

30 Fries an Johnson, Petershagen, 6. 2. 1967 (unveröffentlicht, UJA: Fri, F-15).

31 Johnson an Fries, New York, 20. 2. 1967 (unveröffentlicht, UJA: Fri, F-16).

32 Fritz Rudolf Fries: *Der Fernsehkrieg*, in: ders.: *Der Fernsehkrieg*, Halle 1969, S. 164–192, hier: S. 169f.; im Folgenden zit. als FK, Seite.

Erzähler des *Fernsehkriegs* indessen nicht teilen, folglich spart Fries diesen Part von Johnsons Brief konsequent aus. Sein Ich-Erzähler lebt in Vogelsdorf bei Berlin in der brandenburgischen Provinz – er sitzt *hinter* dem Eisernen Vorhang. Das sinnliche Erlebnis einer New Yorker Brücke ist ihm versagt bis in die Erzählperspektive hinein; deshalb weiß er auch nur »vermutlich«, dass die Brückenmeister im »höchsten Punkt« der Pylonen sitzen: Er kann sein Wissen nicht durch eigene Anschauung absichern. Das »Bratenfett«, das Johnson aus New York geliefert hatte, es muss erst gefiltert werden, bevor Fries es auch verkochen kann.

Ausgehend von der Außenperspektive des Betrachters, der sich die Größe einer New Yorker Brücke anhand eines Fotos und mithilfe von Fakten vorzustellen versucht, ohne sie wirklich ermessen zu können, entfaltet Fries in seiner Erzählung *Der Fernsehkrieg* ein raffiniertes Spiel mit den Blickrichtungen und den Medien: Der Ich-Erzähler und seine Familie betrachten im brandenburgischen Vogelsdorf nicht nur Fotos, die Tante Helen von New Yorker Brücken schickt, sondern auch Fotos von ihrem New Yorker Wohnzimmer. In diesem Wohnzimmer läuft der Fernseher, das Fernsehbild ist auf den Fotos zu sehen – das Bild im Bild also, das von den Vogelsdorfer Betrachtern mithilfe von illustrierten Zeitungsberichten – also mit wiederum anderen Bildern – überprüft wird auf seinen Nachrichtengehalt. Ergebnis dieser Prüfung: Im New Yorker Fernsehen wird über Vietnam berichtet.

Doch auch in Madrid, Paris und West-Berlin haben die Vogelsdorfer Tanten, und alle diese Tanten schicken Fotos von ihren Wohnzimmern, in denen die Fernsehapparate laufen. Anhand dieser in Fotos eingefrorenen Fernsehbilder wird die Entwicklung des Vietnamkriegs von 1957 bis 1965 rekonstruiert, und zwar im Sinne einer medienkritischen Betrachtung, die die Parteilichkeiten der Berichterstattung diesseits und jenseits des Eisernen Vorhangs in äußerster Verknappung zuspitzt und die Authentizität des Medienberichtes insgesamt zur Diskussion stellt. »[D]ie Kamera sieht es für alle, wie da Häuser in den Grund gebrannt, Herden auseinander getrieben werden« (FK, 173), heißt es über das New Yorker »*television*« (FK, 171). »Die spanische *televisión*« in Madrid zeigt »Landemanöver der amerikanischen Armee in Vietnam, Hubschrauber, insektengleich über Urwaldgebiet« (FK, 178), und Tante Ida in Madrid kann vor allem den jungen amerikanischen Flieger nicht vergessen, der in Vietnam »seinem ungewissen Schicksal entgegen« geht (FK, 179) – er tut ihr Leid.

Tante Isolde in Paris »schreibt nichts über Vietnam«, aber auch ihr Fernseher läuft auf den Fotos ihres Wohnzimmers, und der Erzähler stellt sich vor, »wie die Fakten, die ihr *la télévision* nennt, trocken, freundlich – Frankreich ist gegen den Krieg in Vietnam, nachdem es seinen Krieg in Vietnam verloren hat

– wie diese Daten, Zahlen sie quälen, zu Bränden anschwellen, zu Asche werden« (FK, 186f.).

Tante Sabine in West-Berlin schließlich schaut das vermeintlich »objektive West-Fernsehen«, und bei ihr steht der Krieg mit seinen »Explosionen« »leibhaftig im Zimmer mit den Möbeln auf Ratenzahlung«, bis eine der Freundinnen sagt: »Nun stell doch mal den grässlichen Krieg ab.« (FK, 189f.)

Während ein Foto der George Washington Bridge das unmittelbare Erleben nicht ersetzen kann, aber zum Rekonstruieren der Fakten animiert, suggeriert das (West-)Fernsehen das scheinbar unmittelbare Erleben des Krieges, der bis ins Wohnzimmer dringt, sich aber nach Belieben wieder abstellen lässt: ein Fernsehkrieg. Flankiert und ergänzt wird dieser Fernsehkrieg von Zeitungsberichten aus dem »Neuen Deutschland«, die den Ich-Erzähler in Vogelsdorf über die historischen Ereignisse informieren – und die ebenfalls entsprechend politisch gefärbt sind.[33]

Mit erzählerischer Präzision arrangiert Fries sein Material, und auch sein Lektor Uwe Johnson wusste dies zu würdigen, als er den *Fernsehkrieg* zur Publikation empfahl: Die Erzählung sei »ein Beispiel für die Ökonomie des Verfassers«, schreibt er in seinem Gutachten – einer Ökonomie, die anhand von vier Tanten »in den vier entsprechenden Fernsehprogrammen die Eskalation des Vietnamkrieges historisch und den Zustand des jeweiligen Landes statisch« darzustellen vermöge. »Die Verkoppelung dieser drei Motive hätten anderen zu einem Roman gelangt«, schreibt Johnson, bevor er das »Informationsdefizit des Verfassers« kritisiert, das sich insgesamt doch »peinlich bemerkbar« mache und »eine undifferenzierte, naive Haltung gegenüber jenem Krieg« zeige, »die unter westdeutschen wie amerikanischen Literaten aus Geschmacksgründen belächelt würde«. Allerdings könnte dies *auch* »ausgestellt werden als eine spezifisch ostdeutsche Haltung, von der man auf dieser Seite nicht eben viel Ahnung hat«,[34] und insofern sei die Publikation dennoch zu empfehlen.

Dass Johnson, während er dieses Gutachten schrieb, schon intensiv mit seiner eigenen literarischen Darstellung des Vietnamkriegs beschäftigt war, dass auch er mit Zeitungs- und Fotomaterial arbeitet, um diesen Krieg in eine literarisch reflektierte Form zu bringen, dass auch er dabei die Frage nach der Rolle der Medien stellt, sei hier nur der Vollständigkeit – und der Parallele – halber erwähnt: Vietnam ist ein zentraler Themenkomplex in den *Jahrestagen*, deren erster Band 1970 erscheint.

33 Fries montiert nach eigener, der Erzählung nachgestellter Anmerkung (vgl. FK, 192) neben Artikeln aus dem »Neuen Deutschland« auch Texte zu Vietnam von Peter Weiss ein; vgl. Hans Magnus Enzensberger: Peter Weiss und andere, in: Kursbuch 6 (1966), S. 171–176.

34 Johnson an Siegfried Unseld, Berlin, 16. 2. 1969, in: Briefwechsel Johnson – Unseld (Anm. 26), S. 548.

Dass es sich lohnt, die literarischen Bezüge zwischen Uwe Johnson und Fritz Rudolf Fries genauer zu untersuchen, sollte deutlich geworden sein. Diese beiden verhinderten bzw. verzögerten DDR-Schriftsteller standen eine Zeit lang im lebhaften literarischen Austausch miteinander und haben die Publikationen des anderen auch in späteren Jahren weiter verfolgt.

Dass die erzählerische Grundkonstruktion im *Luft-Schiff* von Fries nicht zufällig an diejenige der *Jahrestage* erinnert, versteht sich vor diesem Hintergrund fast von selbst: Wo in *Jahrestage* der schreibende »Genosse Schriftsteller«, die erzählende Gesine Cresspahl und die aktiv zuhörende Marie die Grundkonstellation bilden, verschränkt auch Fries die eigentliche Fabel – die Biografie des glücklosen Flugapparate-Erfinders Franz Xaver Stannebein – mit einer mündlichen und einer schriftlichen Erzählsituation: Oma Polonia erzählt in abendlichen Familienrunden die Geschichte ihres Vaters Stannebein, und ihr Sohn, der gleichzeitig als Ich-Erzähler fungiert, reflektiert seine Schwierigkeiten beim Verarbeiten dieser Erzählungen zu einer schriftlichen Biografie. Den Enkeln kommt die Rolle des Nachfragens und Überprüfens zu, sie treiben die Erzählungen der Oma Polonia vorwärts und »korrigieren [...] die Irrtümer«[35] ihres Vaters, des Biografen.

Auch zwischen Johnsons *Skizze eines Verunglückten* und *Frauentags Anfang*[36] von Fries bestehen Korrespondenzen, die über die Tatsache, dass hier zwei Schriftsteller das Ende ihrer Ehe literarisch verarbeiten und dabei die Biografien ihrer literarischen Figuren weiterschreiben, durchaus hinausgehen.

In seinen Erinnerungen *Diogenes auf der Parkbank* schreibt Fritz Rudolf Fries 2002 rückblickend über sein Verhältnis zu Uwe Johnson: »Möglich, daß wir die eine und andere Mittelung nun nicht mehr per Post machten, sondern in unseren Büchern versteckten. Warum soll man den Germanisten und anderen Schriftdeutern nicht gelegentlich ein Osterfest bereiten.«[37]

Das Ostereiersuchen zwischen Buchdeckeln bleibt so gesehen eine lohnende Angelegenheit.

35 Fries (Anm. 10), S. 15.

36 Vgl. Fritz Rudolf Fries: *Frauentags Anfang oder Das Ende von Arlecq und Paasch*, in: Sinn und Form 2, 34. Jg. (1982), S. 359–372.

37 Fries (Anm. 7), S. 203.

Monika Eikel-Pohen

»Days of the Years?« Ein Vergleich zwischen den *Jahrestagen* und ihrer englischen Übersetzung *Anniversaries*

Der folgende Beitrag bietet eine an meine komparatistisch angelegte Dissertation angelehnte Interpretation der ins Amerikanische übersetzten und modifizierten Version des Romans *Jahrestage. Aus dem Leben von Gesine Cresspahl.*[1] Dadurch soll das Interesse an der Übersetzung von Johnsons Hauptwerk geweckt und die bisher vernachlässigte Anerkennung von Johnsons eigenen Leistungen für die *Anniversaries*, die bislang nur Peter Ensberg[2] und Irmgard Müller[3] ernsthaft zur Kenntnis genommen haben, eingefordert werden.

Schwerpunkte der Lektüre sind die Verschiebungen in der Zeichnung Gesine Cresspahls sowie die veränderte Wirkung, die sich durch die von Johnson selbst autorisierten Streichungen der amerikanischen Fassung ergibt.

Jahrestage – Anniversaries

Die Gesine Cresspahl der Sowjetischen Besatzungszone hatte im Frühjahr 1947 angefangen mit einem Tagebuch.

1 Monika Eikel-Pohen: *Jahrestage* versus *Anniversaries*. Vergleich der deutsch- und englischsprachigen Fassung von Uwe Johnsons Roman *Jahrestage. Aus dem Leben von Gesine Cresspahl*, Marburg 2010.

2 Peter Ensberg: Die englische Version der *Jahrestage*, in: Carsten Gansel, Nicolai Riedel (Hg.): Uwe Johnsons zwischen Vormoderne und Postmoderne, Berlin 1995, S. 111–142.

3 Irmgard Müller: *Anniversaries* – Das kürzere Jahr. Zur amerikanischen Übersetzung der *Jahrestage*, in: Johnson-Jahrbuch 2 (1995), S. 78–108.

Es war nicht so recht eines. (Wie dies keins ist, aus anderen Gründen: hier macht ein Schreiber in ihrem Auftrag für jeden Tag eine Eintragung an ihrer Statt, mit ihrer Erlaubnis, nicht jedoch für den täglichen Tag.) (JT, 1474[4])

Der Tageseintrag vom 2. Juli 1968 der *Jahrestage*, aus dem hier zitiert wurde, ist nicht identisch mit der entsprechenden Stelle in der englischsprachigen Übersetzung. Er wurde gekürzt und zusätzlich in zwei Einträge gleichen Datums (!) unterteilt. Der Eintrag des vorherigen Tages (1. Juli 1968) wurde aus der Übersetzung vollständig eliminiert.[5]

Während in den *Jahrestagen* vom »Genossen Schriftsteller« die ihm von Gesine Cresspahl gestellte Aufgabe bewältigt wird, nämlich für jeden Tag vom 20. August 1967 bis zum 20. August 1968 eine Eintragung zu machen, wird dieser Auftrag in der englischsprachigen Übersetzung *Anniversaries* nicht erfüllt: Insgesamt 63 *Jahrestage*-Einträge fehlen ganz. 193 Einträge sind zum Teil mehrfach und massiv gekürzt; nur 114 Tage, weniger als ein Drittel der 367 Einträge vom 21. August 1967 bis zum 20. August 1968 (zählt man den ersten, nicht datierten Eintrag mit[6]), sind vollständig in der Übersetzung *Anniversaries* enthalten.[7]

Uwe Johnsons Hauptwerk *Jahrestage* definiert sich durch das zunächst collageartig wirkende Zusammen- und Gegeneinanderstellen der erzählten Erinnerungen über Jerichow/Mecklenburg und über die New Yorker Gegenwart 1967/68. Aufgrund der Detailfülle fiele die Auslassung von Textteilen beim flüchtigen Lesen nicht weiter auf, wenn es sich nicht insgesamt um ein Drittel des Gesamttextes handeln würde, das in der Übersetzung *Anniversaries* fehlt. Gerade die Details sind es, die die Komplexität, Aktualität und nachhaltige Wirkung des Romans *Jahrestage* ausmachen: Gesine Cresspahl autorisiert das Erzählen gegen das Vergessen, »für wenn ich tot bin« (JT, 688).

Uwe Johnson als Autor und der »Genosse Schriftsteller« als der in den *Jahrestagen* von Gesine Beauftragte schreiben das von ihr Erzählte in einem Zeitalter auf, das nach zwei Weltkriegen, dem Holocaust und einer deutschen Teilung nur noch fragmentarisch und nicht mehr in seiner Ganzheit vom Lesenden wahrgenommen werden kann. Das Erzählte beruft sich auf die Details der Erinnerungen Gesines und auf selektive Artikel der »New York Times« als kollektives Gedächtnis.[8] Es wirkt daher befremdlich, wenn Textstellen, die un-

---

4 Uwe Johnson: *Jahrestage. Aus dem Leben von Gesine Cresspahl*, Bd. I–IV, Frankfurt am Main 1990 (1983). Im Folgenden zit. als JT, Seite.

5 JT, 388–395.

6 Ebd., 7–10.

7 Eikel-Pohen (Anm. 1), S. 217ff.

8 Vgl. Thomas Schmidt: Der Kalender und die Folgen. Uwe Johnsons Roman *Jahrestage*. Ein Beitrag zum Problem des kollektiven Gedächtnisses, Göttingen 2000, S. 63.

ter anderem das Erzählen selbst thematisieren, neben weiteren Einträgen in der englischsprachigen Fassung *Anniversaries* ausgespart sind.[9]

Bei einem Werk wie *Jahrestage* überraschen diese Auslassungen. Der Roman des »Dichter[s] des gespaltenen Deutschland«[10] mit den sich wechselseitig komplementierenden Zeitsprüngen in den *täglichen* Eintragungen, die sich durch eine Vielzahl von Rückblicken, Dialogen und Auszügen aus der »New York Times« äußern und so ein Agglomerat von erzählten Erinnerungen, Erfahrungen, Reflexionen und Wahrnehmungen darstellen, ist unvollständig übersetzt.[11]

Doch aus der Perspektive der Übersetzungswissenschaft stellt sich ohnehin die Frage, ob eine editorisch und inhaltlich modifizierte englischsprachige Übersetzung der deutschen bzw. ›ursprünglichen‹ Fassung eines Romans gerecht werden kann, wirklich gerecht werden muss oder überhaupt gerecht werden will.

Peter Ensberg befasst sich eingehend mit dieser Problematik und kommt zu dem Schluss, dass die Wirkung der Übersetzung im Fall der *Jahrestage* arg vermindert sei: »Dem nicht auf Vollständigkeit erpichten englischsprachigen Leser mag diese Übersetzung genügen, zumal ihre Qualität besticht. Es bleibt festzuhalten: Einem anspruchsvolleren Leser wird kaum gedient.«[12]

Wieso ist nicht im Untertitel der *Anniversaries*, wie sonst auch bei Romanen üblich, die Fassung als »überarbeitet und gekürzt« gekennzeichnet? Lediglich Leila Vennewitz' »Translator's Note« gibt Hinweise auf inhaltliche Umformulierungen oder Änderungen.[13] Diese Bemerkungen beziehen sich allerdings nicht auf etwaige Kürzungen, obwohl die Übersetzerin über diese informiert war:

Inevitably there have been aspects of the translation needing clarification, and the consensus among us [gemeint sind hier Uwe Johnson, seine Verlegerin Helen Wolff sowie die Übersetzerin Leila Vennewitz selbst, die Verf.] has been to preserve as far as possible the idiosyncrasies and flavor of Uwe Johnson's style, a decision that has had some unorthodox results.[14]

---

9 Vgl. Uwe Johnson: *Anniversaries. From the Life of Gesine Cresspahl*, New York 1974, 1975, S. 447.

10 Uwe Johnson: *Begleitumstände*, Frankfurt am Main 2003 (1980), S. 336. Uwe Johnson gebrauchte diesen Titel ironisch: »Das sass im Rücken, unentfernbar wie bei Siegfried das Lindenblatt, und recht schmerzlich, weil es auf alberne Weise ungenau war.« (Ebd.)

11 »Es ist verloren. [...] Das ist weggelaufen, keiner fängt es mehr« (JT, 1474).

12 Ensberg (Anm. 2), S. 126.

13 »Translator's Note«, in: Johnson: *Anniversaries I* (Anm. 9), vor S. 1.

14 Frau Vennewitz besitzt die ersten beiden Bände der *Jahrestage*, in die Uwe Johnson mit Bleistift die von ihm selbst vorgenommenen Kürzungen eingetragen hat. Vgl. Eikel-Pohen (Anm. 1),

Eigentliche Anmerkungen zu diesen Kürzungen lassen sich zudem in der Ausgabe der *Anniversaries* nur in einem winzigen Hinweis finden: »This volume encompasses Volume One and parts of Volume Two of the German original, *Jahrestage* 1 and 2. For all translations into foreign languages, the author prepared a cut version, on which this text is based.«[15]

Zu weiteren editorischen Modifikationen gegenüber der deutschsprachigen Ausgabe (z. B. dem Einfügen von zahlreichen Absätzen, Auslassungen dialektaler Einschübe und fiktiver Dialoge Gesines mit den »Stimmen«, zu den Abänderungen von Tippfehlern, Sachfehlern und Seitennummerierungen sowie zu der Aussparung des Textes *Mit den Augen Cresspahls* am Ende von Band 2 der *Jahrestage)* gibt es keine Anmerkungen in der Primärliteratur. Aus heutiger Perspektive stimmt der oben zitierte Kommentar inhaltlich zudem nicht einmal mehr, wenn man die französischsprachige Übersetzung von 1993 betrachtet, die auf dem vollständigen Text beruht.[16]

Die einzigen Aufsätze, die sich mit den *Anniversaries* beschäftigen, sind »Die englische Version von Uwe Johnsons *Jahrestag*‹« von Peter Ensberg und Irmgard Müllers »*Anniversaries* – das kürzere Jahr. Zur amerikanischen Übersetzung der *Jahrestage*«. Bemerkenswert ist, dass beide Beiträge aus dem Jahr 1995 stammen und die englischsprachige Übersetzung somit erst acht Jahre nach ihrem Erscheinen überhaupt in der Johnson-Forschung Beachtung findet. Die beiden Aufsätze verweisen nicht aufeinander; auch gehen sie methodisch auf unterschiedliche Weise mit derselben Thematik um.

Ensberg kommt nach der relativ genauen Analyse des *Anniversaries*-Textes zu dem Fazit, Uwe Johnson habe den Roman um 30 Prozent streichen müssen und habe dies mit wachsender Ungeduld und damit einhergehend steigender Ungenauigkeit umgesetzt:

Für diese Annahme spricht auch die Beobachtung, daß die Streichungen im ersten Teil der *Anniversaries* vorsichtig, oft Satz für Satz, Absatz für Absatz, erfolgen – selten nur wird ein ganzes Kapitel herausgenommen –, während sie mit fortschreitendem Verlauf flächiger, gröber, »wahlloser« werden (siehe Anhang). Diese Vorgehensweise läßt auf zunehmende Ungeduld Johnsons schließen und illustriert

S. 307ff. Nach Ensberg liegt Band II mit den Kürzungen dem Uwe-Johnson-Archiv in Frankfurt am Main vor; der Verbleib des vierten Bandes ist derzeit noch unbekannt (da Uwe Johnson zu diesem Zeitpunkt bereits verstorben war, ist zu vermuten, dass Walter Arndt die Kürzungen vorgenommen hat und dieser eine dementsprechend berabeitete Ausgabe besitzt). Vgl. dazu Ensberg (Anm. 2), S. 129, Anm. 32.

15 *Anniversaries*, oben rechts auf der Rückseite des Titelblattes. Gleiches gilt für *Anniversaries II*.

16 Uwe Johnson, Anne Gaudu: *Une année dans la vie de Gesine Cresspahl*, Paris 1993.

zudem den Zeitdruck, der für den zweiten Band der amerikanischen Version das Hinzuziehen eines zweiten Übersetzers (Walter Arndt) erzwang.[17]

Dieser Vermutung widerspricht etwa die Tatsache, dass Johnson bereits während des Verfassens des Romans *Jahrestage* Kürzungen für die Übersetzung *Anniversaries* mitgedacht haben muss, da Leila Vennewitz schon 1968 mit den Übersetzungsarbeiten begann (also noch vor der Veröffentlichung der deutschen Fassung). Darüber hinaus lebte er zur Zeit der Übersetzung von Band 3 und 4 schon gar nicht mehr.[18] Ensbergs Schlussfolgerung lautet:

Die *Anniversaries* haben ein anderes Gesicht als die *Jahrestage*. Die Übersetzung vernachlässigt zahlreiche Aspekte des Originals; eine Interpretation des deutschen Originals aufgrund der englischen Ausgabe zu versuchen erscheint nicht ratsam.[19]

Seiner Erkenntnis, dass die *Anniversaries* anders wirken als die *Jahrestage*, ist zuzustimmen. Es leitet sich jedoch gerade daraus die Frage ab, was eine »Interpretation des deutschen Originals aufgrund der englischen Ausgabe« hergeben kann. Dies würde seine Analyse ergänzen.

Müller bewertet diesen Fragenkomplex gänzlich anders, indem sie den *Anniversaries* zwar auch einen »beträchtlichen Verlust von Geschichte und Geschichten«[20] attestiert. Weitaus mehr ist sie aber um die zukünftige Rezeption des Romans besorgt. Sie stellt in den Vordergrund, dass eben auch über den amerikanischen Leserkreis hinaus der Roman Verbreitung finden müsse. Sie verheißt damit dem Roman eine längere Rezeptionszeit als Ensberg oder auch Helen Wolff, die sich beide auf den kontemporären Leser beschränken. Müller berücksichtigt, dass die »Entrückung der Gegenwartsebene«[21] der späten sechziger Jahre auch für die amerikanische Leserschaft Schwierigkeiten bei der Lektüre bereiten könne. Ihr Fazit ist, nach einer vollständigen, neuen und einheitlichen, d. h. von *einem* Übersetzer getätigten Übersetzung der *Jahrestage* zu verlangen, auch wenn es sich bei *Anniversaries* »um eine inhaltlich korrekte und sprachlich saubere Übersetzung handelt.«[22]

Damit gelangen beide Verfasser zu dem Schluss, den *Anniversaries* keinen ernst zu nehmenden Raum in der wissenschaftlichen Auseinandersetzung mit den *Jahrestagen* einräumen zu müssen. Dies ist unverständlich, da laut Ensberg

17 Ensberg (Anm. 2), S. 126.

18 Vgl. Korrespondenz zwischen Monika Eikel-Pohen und Leila Vennewitz vom 2. November 2006. Eikel-Pohen (Anm. 1), S. 307ff.

19 Ensberg (Anm. 2), S. 126.

20 Müller (Anm. 3), S. 91.

21 Ebd., S. 108.

22 Ebd.

bis 1995 10.000 Exemplare der *Anniversaries* verkauft wurden. Es erscheint zudem den Übersetzungsleistungen Leila Vennewitz' und Walter Arndts gegenüber voreingenommen. Vor allem aber wird hier Johnsons editorische (Weiter-)Arbeit an seinem eigenen Text abgewertet bzw. völlig ignoriert.

Einen Mittelweg zwischen diesen beiden Positionen schlägt einzig Baker ein, obwohl diesem Müllers Aufsatz scheinbar nicht bekannt ist: Für seine Auseinandersetzung mit Uwe Johnsons Gesamtwerk in »Understanding Uwe Johnson« fertigte er eigene Übersetzungen ins Englische für die Stellen an, wo Lücken der offiziellen Übersetzung zu finden sind. Inkonsequent ist er dabei nur, wenn er nicht, wie Müller fordert, eine Neuübersetzung aller zitierten Stellen liefert, sondern sich auf die autorisierte Fassung beruft, wo dies möglich ist, und dieser damit eben doch einen gewissen Gültigkeitsanspruch zuschreibt: »Unless otherwise indicated, all translations from the German are my own. Any other special circumstances involving the translation of Johnson's texts are explained in the notes.«[23] Zudem spricht er von den übersetzten *Jahrestagen* auch als *Anniversaries* und unterscheidet damit nicht zwischen einer potentiellen englischsprachigen Gesamtübersetzung der *Jahrestage* und der vorliegenden *Anniversaries*-Fassung.[24]

Exkurs: Über das Kürzen eines Romans

Nach welchen editorischen und/oder inhaltlichen Prinzipien kürzt man eigentlich einen fast 2000 Seiten langen Roman? Der Publizist Roland H. Wiegenstein beantwortet diese Frage nach Kürzungen für die Hörbuchfassung der *Jahrestage*,[25] indem er konstatiert, er habe

> nur eine ziemlich gute Kenntnis des Textes nach dreimaliger Lektüre und ein instinktives Wissen davon, was »geht« und was nicht. Schließlich war ich 35 Jahre lang Redakteur beim WDR. Ich bin von Kapitel zu Kapitel fortgeschritten, habe

23 Vgl. Gary L. Baker: Understanding Uwe Johnson, Columbia, South Carolina 1999.

24 Um die Frage nach einer Neuübersetzung der *Jahrestage* vorwegzunehmen, sei gesagt: Nach Aussagen des Übersetzers Damion Searls, der *Eine Reise nach Klagenfurt* von Uwe Johnson ins Englische übersetzte, wird derzeit eine Neu- und Gesamtübersetzung der *Jahrestage* angestrebt: »I'd love to if I could get paid to – I'm not a grad student anymore and need to support myself and my own family. There's a new publisher that wants to do an unabridged *Anniversaries* – a dream job! (I grew up on 99th and Riverside in NYC, a few blocks from Gesine's apartment, among other things) But that's a full-time year of work or more. If your dissertation work puts you in touch with anyone who could arrange $40-50,000 to support an unabridged translation, then please let me know!« (Zit nach: Eikel-Pohen [Anm. 1], S. 314.)

25 Uwe Johnsons *Jahrestage. Aus dem Leben von Gesine Cresspahl.* Gelesen von Max Volkert Martens. Einrichtung und Zwischentexte von R. H. Wiegenstein. Produktion Sender Freies Berlin, heute Rundfunk Berlin-Brandenburg 1995/1996.

natürlich die »Times« gekürzt, ein paar Nebenfiguren getilgt und ob etwas »stimmt« oder nicht. That's it.[26]

So intuitiv, wie die Editionsarbeit Wiegensteins an den *Jahrestagen* für die Hörbuchfassung aus dem Hörbuchverlag von 2005 sich ausnimmt, ist die Kürzungsarbeit Uwe Johnsons sicherlich nicht gewesen. Es ist zu vermuten, dass der für seine Akribie bekannte Autor Kriterien entwickelte, nach denen er die Kürzungen am Roman *Jahrestage* vornahm.

Dass er das Kürzen selbst übernommen hat und ein zugrunde liegendes Kürzungsprinzip bestehen muss, geht bereits aus den Bemerkungen Johnsons gegenüber Willson hervor:

Ich meinte, wenn schon gestrichen werden muß, dann tue ich es selber. Und es sind in der Mehrzahl solche Kapitel weggefallen, die sich mit amerikanischen Verhältnissen beschäftigen und bei denen man annehmen kann, daß das Publikum sie schon kennt, wenngleich vielleicht nicht in der Beleuchtung der *Jahrestage*.[27]

Schon aus den letzten Worten wird deutlich, dass der Roman *Jahrestage* einen Bedeutungswandel erfährt, wenn man darin allein auf der New Yorker Gegenwartsebene den Romantext verändert. Dieses eine Prinzip ist offenkundig, doch es gibt weitere. So kann behauptet werden, dass Uwe Johnson seine Kürzungskriterien an Rezensionen und Kritiken ausrichtete, von denen er nach Veröffentlichung der ersten beiden Bände der deutschsprachigen Fassung *Jahrestage* erfuhr. Die Kritiken beziehen sich unter anderem auf den Umfang, das Setting des Romans, das Spiel mit und zwischen den Erzählebenen sowie auf das utopische Potential des Romans.

Wieso Johnson sich überhaupt auf diese Kürzungen einließ, wird deutlicher, wenn man das Verhältnis zwischen dem deutschen Autor und seiner amerikanischen Verlegerin genauer betrachtet. Dazu ist es hilfreich, Richard E. Ziegfelds Aufsatz »Exile Author/Exile Publisher: Uwe Johnson and Helen Wolff« zu Rate zu ziehen.[28] Es wird darin die berufliche und private Beziehung zwischen Johnson und Wolff untersucht.

Der Aufsatz analysiert vor allem die Bedingungen, unter denen die *Jahrestage* entstanden, und den Prozess, in welchem aus der deutschsprachigen Fassung

26 Antwortmail von Roland H. Wiegenstein an die Verf. auf die Frage, nach welchen Prinzipien er denn die Hörbuchfassung der *Jahrestage* vorbereitet habe.

27 A. Leslie Willson: »Ein verkannter Humorist«. Gespräch mit A. Leslie Willson (am 20. April 1982 in Sheerness-on-Sea), in: Eberhard Fahlke (Hg.): »Ich überlege mir die Geschichte...«. Uwe Johnson im Gespräch, Frankfurt am Main 1988, S. 281–299, hier: S. 286f.

28 Richard E. Ziegfeld: Exile Author/Exile Publisher: Uwe Johnsons and Helen Wolff, Beinecke Rare Book and Manuscript Library, Yale University, Box 82 f. 2444.

die englischsprachige Version *Anniversaries* hervorging. Allerdings berücksichtigt Ziegfeld, der auf Englisch schreibt, dabei nicht explizit den Unterschied zwischen den beiden Fassungen, sondern verwendet ebenfalls den Titel »Anniversaries«, wenn er von den *Jahrestagen* spricht. Dies geht aus seiner Themenbenennung des Romans hervor, »*Anniversaries*, a fictional attempt to come to terms with German responsibility for and guilt about Nazi activity during World War II«,[29] die inhaltlich jedoch nicht auf die englischsprachige Fassung zutrifft. Die *Anniversaries* nennt er lediglich »the American and British edition«,[30] ohne im Einzelnen genauer auf die strukturellen und inhaltlichen Unterschiede zwischen beiden Ausgaben einzugehen.

Er arbeitet in seinem Artikel heraus, wie professionell Helen Wolff sowohl privat als auch beruflich im Umgang mit Schriftstellern war und wie behutsam sie Privates und Berufliches zu verknüpfen wusste. So heißt es zu Johnsons Komplex in seinem Umgang mit Juden aufgrund der deutschen Vergangenheit: »She sets high standards, both literary and moral, yet she possesses a finely-calibrated sense about when to indulge in levity and in her delicate, ironic brand of humor, so as to defuse difficult situations.«[31]

Auch auf Johnsons Schreibblockade vor Vollendung des 4. Bandes der *Jahrestage* ging sie, so Ziegfeld, mit großer Behutsamkeit ein:

> She does not refer to a contract (i. e., legal obligations), or to the books as a product that an author owes a business person who will eventually reap a profit from the author's labor. She refers instead to »an understanding« about which she »inquires«, and she indicates that she is concerned about helping an author with an artistic dilemma that has come to dominate his existence.[32]

Helen Wolff weiß, wie mit Uwe Johnson umzugehen ist. Sie gibt ihm nicht das Gefühl, ihr geschäftlich verpflichtet zu sein, sondern baut auf ihre persönliche Beziehung zu ihm und auf seine Integrität. Sie hofft dadurch, ihn zur Fertigstellung des Romans zu bewegen. Dass sie dabei jedoch auch insistierend sein konnte, formuliert sie selbst: »After all, it was an understanding between us a number of years ago and I have since then occasionally, quietly, sometimes drastically, inquired about the book«.[33]

Vor allem aber unterstützt sie aktiv Johnsons Schreibprozess auf eine intensive Art und Weise, die im Verlagswesen vermutlich nicht immer üblich ist:

29 Ebd., S. 1f. des Manuskripts.
30 Ebd., S. 9.
31 Ebd., S. 7.
32 Ebd., S. 12.
33 Ebd., S. 13.

Wolff is careful to consult Dr. Unseld at Suhrkamp about any developments concerning *Anniversaries*, but she deals directly with Johnson about the American and British editions. The ms. [manuscript] comes to her at the same time that it goes to Suhrkamp, and she offers editorial suggestions about the German text, just the same as the editor at Suhrkamp, querying factual points or indicating that she does not understand certain passages (at times her queries about the sense of a passage have prompted rewriting in the German version: 3.10.1970 and 7.12.1970).[34]

Ihre Unterstützung für Johnson wirkt sich also auf das eigentliche Verfassen des Romans direkt aus, wenn sie als Verlegerin den Autor dazu auffordert, ganze Passagen neu zu schreiben. Ganze Episoden werden auf ihr Drängen getilgt, unter anderem, weil sie Stellen, wie im Falle Cydamonoes (Eintrag vom 3. Juli 1968), »misslungen« fand.[35]

Uwe Johnson selbst äußert sich über Helen Wolffs Einfluss auf sein Leben und Werk durchweg positiv. Er betrachtet seine Verlegerin und Freundin mit Respekt und Bewunderung.[36] Johnson fasst ihren positiven Einfluss auf die *Jahrestage* (und damit auch auf die *Anniversaries*) folgendermaßen zusammen:

This project, *Anniversaries*, couldn't have begun without Mrs. Wolff and cannot end without her. And this up to now has taken up more than 12 years of my life, which is a remarkable portion of an individual's life, and a writer's life. And even if you deduct private accidents from that, Mrs. Wolff has *saved* me. Has saved the whole project. Because I feel a quite certain moral obligation to tell her the end of the story.[37]

Dass somit nicht nur die englischsprachige Übersetzung *Anniversaries*, sondern auch die ›originale‹ Fassung *Jahrestage* von Helen Wolff entsprechend beeinflusst ist, kann an dieser Stelle nur angemerkt werden. Hier ist dagegen zu ermitteln, wie Helen Wolffs Einflüsse auf die *Anniversaries* auf den US-amerikanischen *target reader* wirken. Die Auseinandersetzung mit den *Anniversaries* selbst muss deshalb beim Bild des Lesers beginnen. Helen Wolff hatte, wie bereits dargelegt worden ist, eine ziemlich genaue Vorstellung vom Modellleser der *Jahrestage*:

34 Ebd., S. 9.

35 Helen Wolff: Ich war für ihn die »alte Dame«. Ulrich Fries und Holger Helbig sprachen mit Helen Wolff über Uwe Johnson, in: Johnson-Jahrbuch 2 (1995), S. 19–49, hier: S. 38.

36 Hier das Original: »Johnson is hard-pressed to find the precise phrase with which to articulate his feelings about Wolff, but he utilizes the phrases ›tender respect‹ and ›the spiritual side of adoring you‹.« (Ziegfeld [Anm. 28], S. 12)

37 Ebd., S. 14.

> Alle Streichungen gehen auf Uwe Johnson zurück. Was er aus dem Text herausgezogen hat, sind Passagen, von denen er annahm, sie seien für die Amerikaner uninteressant. Die wüßten ohnehin, was dort zu lesen ist. Damit haben sie gelebt, sie haben die »New York Times« gelesen. Von diesem Gesichtspunkt aus hat er einige Streichungen vorgenommen, auch die detaillierten Schilderungen der Untergrundbahn gehören dazu. Das ist für die hiesigen Leser uninteressant, für eine Übersetzung ist das Buch sowieso zu lang. Er hat gekürzt für Fremdsprachen. Wir wollten eine Grundfassung für weitere Übersetzungen erarbeiten, und das war die englische Fassung.[38]

Abgesehen davon, dass Helen Wolff von einer idealen Länge einer Übersetzung auszugehen scheint, kolportiert sie mit dieser Beschreibung des typischen Johnson-Lesers ein Klischee. Wolff zufolge ist dieser Modellleser der *Anniversaries* US-Amerikaner, der die »New York Times« liest, die Subway regelmäßig benutzt (und wahrscheinlich dort auf seinem Weg zur Arbeit dieses viel zu dicke Buch liest – oder die »New York Times«), als gäbe es jenseits Manhattans keine Leser, die sich für einen deutschen Roman aus der Nachkriegszeit interessieren. Selbst wenn man Helen Wolffs Modellleser als typischen *Jahrestage*- bzw. *Anniversaries*-Rezipienten voraussetzen wollte, wäre damit immer noch nicht geklärt, wie sein Verhältnis zu und Interesse an Deutschland und der deutschen Geschichte definiert ist. Helen Wolffs Vorstellung vom Leser der *Jahrestage* bzw. *Anniversaries* basiert damit auf Stereotypen, die sie in ihrer Erfahrung als Verlegerin gebildet hat; ob dies den *Jahrestagen* gerecht wird, ist überaus fraglich.

Zusätzlich ist zu überlegen, ob sich ihr Modellleser mit der Vorstellung des Lesers deckt, die Uwe Johnson als Verfasser für die *Jahrestage* bzw. *Anniversaries* beim Schreiben mitgedacht und entwickelt hat. Ist sein »impliziter Leser«[39] (um Wolfgang Isers Ausdruck zu borgen) von vornherein als deutscher gedacht oder konnte Johnson sich von solchen Vorstellungen freimachen?

Auf diese Frage hat Johnson selbst in einem Interview Antwort gegeben, was darauf hinweist, dass er sich des impliziten Lesers durchaus bewusst war. 1961, im Gespräch mit Michael Roloff, konstatiert Johnson, dass er sich nicht in der Lage sehe, »dem Bild der Vereinigten Staaten, wie ich es aus vielen Büchern erhalten habe, etwas hinzuzufügen oder es auch zu revidieren«.[40] Diese Antwort setzt voraus, dass Johnson es vermeidet, sich ein Bild vom potentiellen amerikanischen Leser seines Romans zu machen.

---

38 Wolff (Anm. 35), S. 38.

39 Wolfgang Iser: Der implizite Leser, München 1979, S. 27.

40 Michael Roloff: Gespräch mit Uwe Johnson (am 20. August 1961 in New York), in: Fahlke (Hg.) (Anm. 27), S. 171–183, hier: S. 180.

Ein Jahr später erklärt er dementsprechend Horst Bienek gegenüber in Bezug auf *Mutmassungen über Jakob*:

Ich vergesse nicht, daß ich mich mit diesen Erzählungen an Leute wende, und also behalte ich im Gedächtnis, wie Leute – das ist eine Art allgemeines Leserbewußtsein – sich verhalten würden zu dem, was ich da mache, und ob sie es verstehen würden und wie. Das berücksichtige ich.[41]

Diese beiden Aussagen widersprechen sich insofern, als Johnson sich einerseits ein dezidiertes Bild seiner Leserschaft vor Augen führt, sich andererseits jedoch explizit davon distanziert, sich ein Bild von der *target culture* seiner Romanübersetzung zu machen. Er selbst gibt keine Auskunft zur Lösung dieses Widerspruchs; Helen Wolffs Forderungen scheinen für ihn zur Maßgabe geworden zu sein, nach der er sich schließlich richtet.

Günter Blöckers Rezension zu *Jahrestage 2* bezieht sich auf die Schuldthematik des Romans. Er entlarvt mit leicht ironischem Unterton das Paradoxon, dass der Themenkomplex Schuld, »dieses rational nicht auszumessende Thema [...], bis in seine letzten irrationalen Konsequenzen verfolgt« wurde.[42] Mit seiner Kürzungsarbeit für die englischsprachige Übersetzung *Anniversaries* scheint Uwe Johnson auf diesen Vorwurf zu reagieren. Das Paradoxon wird in den *Anniversaries* aufgehoben oder doch zumindest in seiner Tragweite reduziert, und zwar vor allem durch Streichungen auf der Ebene der New Yorker Gegenwart der 1960er Jahre. Zahlreiche Anspielungen auf die Kriegsführung in Vietnam werden ausgelassen. Der Vorwurf, Johnson habe Parallelen zwischen den Aktivitäten im Deutschland der dreißiger und vierziger Jahre und den USA während des Vietnamkriegs aufzeigen wollen, wird dadurch entkräftet.[43]

Ganz trivial benennt Rolf Becker seine Leseimpressionen zu den »New York Times«-Erwähnungen in den *Jahrestagen*: »Schon damals hatten wir uns gewünscht, die gewissenhafte Leserin Gesine möge doch ab und zu eine Nummer

41 Horst Bienek: Werkstattgespräch mit Uwe Johnson (am 3.–5. Januar 1962 in West-Berlin), in: ebd., S. 194–207, hier: S. 205.

42 Günter Blöcker: Du hast Auftrag von uns, Gesine. Der zweite Band von Uwe Johnsons Roman *Jahrestage*, in: Michael Bengel (Hg.): Johnsons *Jahrestage*, Frankfurt am Main 1985, S. 151–162, hier: S. 159.

43 Uwe Johnson hat sich nicht nur durch die Kürzungen praktisch von diesem Vorwurf distanziert, sondern auch verbal wiederholt bekräftigt, dass ein Vergleich von Deutschland und den USA nicht statthaft sei: »Die Kontrapunktik läuft letzten Endes auf eine Entsprechung hinaus zwischen den Ereignissen in der Gegenwart und der Vergangenheit. Was die Nazis von 1933 bis 1945 in Deutschland angestellt haben, das ist eben nicht vergleichbar – darum dreht es sich doch – mit Demonstrationen und militärischen Vorgängen auf den Straßen von New York.« (»Strukturfragen und Todesgedanken«. Uwe Johnson im Interview mit Heinz D. Oesterle, in: Heinz D. Oesterle [Hg.]: Bilder von Amerika. Gespräche mit deutschen Schriftstellern, München 1987, S. 119–135, hier: S. 124.)

der fabelhaften Zeitung überschlagen.«[44] Johnson reagierte mit den überarbeiteten *Anniversaries* darauf, wie der Textvergleich zwischen *Jahrestage* und *Anniversaries* zeigt.

Die Ergebnisse diese Analyse werden im Folgenden zusammengefasst wiedergegeben.[45]

Gesine Cresspahls moralischer Anspruch

Insgesamt wird in den *Anniversaries* ein zentrales Thema, wenn nicht *das* zentrale Thema des Romans *Jahrestage* schlechthin, reduziert: Die Figur Gesine Cresspahl erfährt grundlegende Veränderungen bezüglich ihrer moralischen Ansprüche, die sich auf das Selbstbewusstsein der Protagonistin auswirken.

Gesines moralischer Anspruch an sich selbst wird in den *Anniversaries* gesenkt. Sie übt weniger Kritik an ihrer Umwelt, was sich unter anderem an ihrem veränderten Umgang mit der Lektüre der »New York Times« deutlich zeigt. Zudem ist sie dem Nachrichtenblatt gegenüber weniger kritisch als in den *Jahrestagen*. Die häufigen Auslassungen der Zeitungsverweise lassen auf eine seltenere bzw. weniger gründliche Lektüre schließen und stellen ihr Verhältnis zu dem Medium gelöster dar.

Der Vietnamkrieg wird wohl weiterhin kritisch erwähnt, doch lässt sich zeigen, dass sich diese Kritik eher als Antizipation auf den Tod D. E.s und als Surrogat für vorweggenommenes Leid denn als reine Kritik an der amerikanischen Außenpolitik liest.

Jegliche Anlässe aus den *Anniversaries* werden gestrichen, die auf Analogien zwischen dem Amerika des Vietnamkriegs und dem faschistischen Deutschland schließen lassen könnten.

Auch werden in den *Anniversaries* Vorwürfe an den amerikanischen Umgang mit der eigenen Geschichte bezüglich der Behandlung der ›Native Americans‹ und der ›African Americans‹ unterlassen. Eine Trennung zwischen deutscher und amerikanischer Sicht auf Geschichte wird deutlich vollzogen, sodass Ähnlichkeiten im Verlauf der Geschichte(n) beider Länder weit hergeholt wirken würden.

Dieser weniger scharfe, weniger sezierende Blick Gesine Cresspahls wirkt sich auf die Verarbeitung ihrer eigenen Erfahrungen in New York aus. Sowohl ihre Schilderung New Yorks als auch ihre persönlichen Erfahrungen mit der Stadt enthalten weniger Gewalt und Gefahren, und auch in Bezug auf die Pri-

44 Rolf Becker: Eine Bitte für die Stunde des Sterbens. Über die Vollendung des Romanwerks *Jahrestage* von Uwe Johnson, in: Bengel (Hg.) (Anm. 42), S. 187–193, hier: S. 189.

45 Ausführlich in: Eikel-Pohen (Anm. 1).

vatsphäre des Familienlebens hält sie sich mit Bemerkungen zurück, da ihre Vergleichsmöglichkeiten in Bezug auf amerikanische Familien in den *Anniversaries* viel geringer sind als in den *Jahrestagen* und ihr weniger Anlass zur Kritik bieten.

Gesine Cresspahl wirkt in den *Anniversaries* gelassener, toleranter und aufgeklärter in Bezug auf die Grenzen und Möglichkeiten ihrer persönlichen Moralvorstellungen.

Leseridentifikation mit Gesine Cresspahl

Die Möglichkeit des *target readers*, sich mit Gesine Cresspahl der *Anniversaries* zu identifizieren, steigt beträchtlich. Gesines Selbstbewusstsein wird stärker. Die Beziehungen zur Tochter Marie und zum Freund D. E. unterstützen diesen Eindruck. Dem *target reader* wird es einfacher gemacht, mehr Empathie für Gesine zu empfinden. Sie wirkt weniger gehemmt und weniger eingeschüchtert als in den *Jahrestagen*. Die offensichtlichen Auslassungen, die ihr Intimleben betreffen, machen deutlich, dass es neben der Ebene, die ihren Umgang mit der Schuld ihrer Generation und der ihres Vaters thematisiert, noch mindestens eine weitere Ebene gibt, welche jedoch für beide Romanfassungen nicht von Relevanz ist. Gesine macht von ihrem Recht auf Privatsphäre Gebrauch. Ihre moralischen Ansprüche werden zwar verringert, wenn sie ihrer Tochter »nur noch« erzählt, um ihr das deutsche kulturelle Erbe verbal zu vermachen, und nicht, um das Princeton-Experiment zu widerlegen. Die Auslassungen bewirken, dass Gesines moralische Ansprüche an sich selbst gesenkt werden, und zwar in solch einem Grad, dass sie nicht mehr moralisch überfordert oder überfrachtet wirkt.[46] Im Gegenteil: Sie erscheint aufgrund ihrer veränderten Einstellungen nahbarer als in den *Jahrestagen*.

Ihre Zweifel am Erfolg des Princeton-Experiments werden nachvollziehbar. Sie echauffiert sich stark über die Methodologie des Experiments, ohne jedoch, wie in den *Jahrestagen*, einen Gegenbeweis aufzustellen zu wollen. Inhaltlich findet somit das Experiment zwar auch noch in den *Anniversaries* Erwähnung. Funktional hat es jedoch wenig Bedeutung für den Erzählvorgang und die Intention des Romans. Auf Gesines Seelenlandschaft verweist es auch nicht mehr. Die Auslassung des Bezugs zum Gedächtnisexperiment lässt damit auch die Frage nach einer Kollektivschuld außer Acht und vermeidet eine latente Haftbarmachung des *target readers* für Vergehen seines Landes.

46 Vgl. Norbert Mecklenburg: Die Erzählkunst Uwe Johnsons, Frankfurt am Main 1997, S. 299.

Chronologische Darstellung des 20. Jahrhunderts

Durch eine veränderte Haltung der Protagonistin Gesine Cresspahl sich selbst und ihren Lieben, die sie in New York umgeben, gegenüber, fällt es dem Leser der *Anniversaries* leichter als bei den *Jahrestagen*, sich in Gesine hineinzuversetzen. Zudem ist das Princeton-Experiment weniger mit Gesines eigenem Trauma besetzt. Es dient in den *Anniversaries* nicht mehr dem zu widerlegenden Beweis für Gesines Notwendigkeit, ihre Vergangenheit aufzurollen. Der Erzählanlass ist weniger als in den *Jahrestagen* intellektueller Art, und er hat auch keine kathartische Wirkung mehr, sondern eher informierende Funktion.

Die Struktur der *Anniversaries* wirkt gegenüber den *Jahrestagen* gerafft, was darauf beruht, dass Rekurrenzen, Wiederholungen und Erzählsprünge sowohl in Form von Vorausdeutung als auch in Form von Rückbezügen aus dem übersetzten Text eliminiert wurden. Diverse Figuren im Roman *Jahrestage*, die mit Gesine kontrastiert oder parallel gesetzt werden könnten (z. B. Swetlana Stalina, Anita Gantlik oder Annie Fleury), sind ebenfalls verschwunden, können also nicht mehr als Folie für Gesines Charakterdarstellung dienen.

Correspondances werden ausgelassen, wodurch die Erzählebenen disparater nebeneinander stehen. Assoziationen sind weniger Auslöser für Gesines Zurückgehen in die Vergangenheit. Insgesamt ist damit das Erzählgeschehen kompakter geworden, der Romantext der *Anniversaries* liest sich flüssiger und wird durch die chronologisierte Geschehnisabfolge auf der Vergangenheitsebene strukturiert. Die Reduktion der Stimmengespräche befördert diese Wirkung, da ein Innehalten im Lesefluss zur Identifizierung der Stimmen größtenteils hinfällig wird. Nur identifizierbare Stimmen sind in der Übersetzung übrig geblieben.

Schließlich trägt die veränderte Beziehung zwischen Gesine Cresspahl und dem Genossen Schriftsteller durch das Fehlen eines Erzählvertrags dazu bei, die Struktur und den inhaltlichen Aufbau des Romans *Anniversaries* gegenüber den *Jahrestagen* zu vereinfachen. Die Beziehung ist keine symmetrische mehr. Gesine (als personale Erzählerin innerhalb des Romangeschehens) hat tatsächlich die Oberhand bei Inhalt und Auswahl des zu Erzählenden, aber eben nur innerhalb des Romangeschehens. Die zwischen die erzählende Gesine Cresspahl und den empirischen Autor Uwe Johnson geschaltete Instanz des Genossen Schriftsteller lässt durchscheinen, dass letztlich doch dieser von Gesine zum Erzählen Beauftragte die Autorität über das hat, wozu sie ihn autorisiert. »Johnsons« Auftreten vor dem *American Jewish Congress* erhält dabei den Charakter eines filmischen Cameo-Auftritts und kann allenfalls als metaleptisches Spiel betrachtet werden, gereicht aber bei weitem nicht dazu, sein Erscheinen in beiden Romanversionen als Konzept einer neu gearteten narrativen Technik aufzufassen. Es wird transparent, dass zwei Erzählinstanzen einen Scheinkonflikt über die Text-Autorität austragen – den aber doch zu guter Letzt immer noch Uwe Johnson beherrscht (nein, nicht die Gestalt aus der Metalepse, sondern der Autor des Romans *Jahrestage*, der die Kürzungen für die *Anniversaries* persönlich vorgenommen hat). Dieser Konflikt scheint in den *Anniversaries* deutlicher durch als in den *Jahrestagen*, wirkt ironisch und spiegelt damit einen durchaus humorvollen postmodernistischen Zeitgeist angesichts der Möglichkeiten der deutschen Literatur nach 1945 wider. Literarisch ernst zu nehmen ist der Konflikt jedoch nicht.

Weiter im Vordergrund stehen in den *Anniversaries* ohnehin die Erzählungen auf der Vergangenheitsebene. Das führt zu dem Schluss, dass die *Anniversaries* viel mehr als die *Jahrestage* Chronikcharakter besitzen und den Blick vorwiegend auf das Geschehen in Deutschland von Beginn bis zur Mitte des 20. Jahrhunderts fokussieren anstatt auf den Alltag Gesines im New York von 1967/68.

Eigentlich erfüllen sie damit viel mehr Uwe Johnsons Anspruch, nicht zu werten, sondern zu zeigen,[47] während in den *Jahrestagen* der Leser aufgefordert ist, Gesines Schlüsse zu übernehmen.

Themenreduktionen

Die *Anniversaries* besitzen gegenüber den *Jahrestagen* geringere poetische und literarische Qualität. Das Spiel des Anschwellens und Abklingens von Poetizität und Humor, das die Möglichkeiten und Grenzen des Erzählens nach dem Zweiten Weltkrieg widerspiegelt, lässt sich aus den *Anniversaries* nicht ohne weiteres herauslesen. Hier wurde tatsächlich, wie Ensberg bereits dargelegt hat, der Roman geglättet. Er verliert an literarischer Tiefendimension und nimmt weniger am Diskurs der Frage vom Umgang mit Schuld in der deutschen Literatur nach 1945 teil.

---

47 »Was man so macht, nämlich daß man Geschichten erfindet und aufschreibt und unter die Leute bringt, geschieht ja nur, um Lesern seine Version von der Welt anzubieten – zum Vergleich, zum Ansehen. Was sie dann mit dieser Version machen, ob sie aus dieser Version Neuigkeiten herausnehmen und mit der eigenen Meinung vergleichen, ob dann eine Meinungsänderung dabei herauskommt, das ist erstens nicht nachweisbar und zweitens nicht die wichtigste Wirkung von Literatur.« (Peter Michael Stahlberg und Ulrich Schmitz: Begegnung mit Uwe Johnson [am 26. Oktober 1965 in Essen], in: Fahlke [Hg.] [Anm. 27], S. 213–216, hier: S. 214.) Vgl. auch folgende Äußerung: »Ich meine nicht, daß die Aufgabe von Literatur wäre, die Geschichte mit Vorwürfen zu bedenken. Die Aufgabe von Literatur ist vielmehr, eine Geschichte zu erzählen.« (In: Joachim Kaiser: Für wenn wir tot sind. Zum Abschluß von Uwe Johnsons großer *Jahrestage*-Tetralogie, in: Bengel [Hg.] [Anm. 42], S. 168–176, hier: S. 174.)

Auch wird der *target reader* weniger an eine kritisch-dialektische, auf Bertolt Brecht verweisende Lesart herangeführt. Die *Jahrestage* liefern ihrem Leser das Modell für eine kritische Zeitungslektüre.[48] Die *Anniversaries* dagegen rufen weniger zu dieser differenzierten Betrachtung eines Nachrichtenblattes auf.

Die literarische Verbeugung vor und Bezugnahme auf Marcel Prousts *À la recherche du temps perdu* wird in den *Anniversaries* ausgespart.

Schließlich wird auch der kritische Blick auf die USA weniger drastisch dargestellt, was der Protagonistin potentielle Alternativen nimmt, um ihren Wohnort zu wählen. Die Vereinigten Staaten werden gegenüber der Bundesrepublik Deutschland und der DDR als freies Land geschildert, das dem Individuum Entfaltungsmöglichkeiten einräumt, die sich ihm in seinem Ursprungsland nicht boten. Die Austellung der USA als Einwanderungsland nimmt sich wie ein Zugeständnis an den amerikanischen *target reader* aus. Damit wäre Peter Ensberg erneut in seinem Urteil zuzustimmen, die *Anniversaries* gingen schonender mit ihren Lesern um als die *Jahrestage*.

Der Profilverlust der Protagonistin

Der Utopiecharakter der »Beständigkeit des Glücks« (JT, 1537), nach der Gesine sich sehnt, wird transparent, wenn Marie am Ende des Tageseintrags die Frage danach stellt, die aber von ihrer Mutter unbeantwortet bleibt. Mit dieser Eintragung enden in den *Jahrestagen* Gesines utopische Momente. In den *Anniversaries* dagegen bleibt ihr die gesamte Reflexion von Utopien und Desillusionierungen fremd. Ihr werden wohl keine Einsichten in die Erkenntnis gewährt, dass Glück nicht von dauerhaftem Bestand und die Suche danach permanent an einer Stelle aufzugeben und anderswo neu aufzunehmen ist.

In den *Jahrestagen* machen diese Zeilen bereits deutlich, wie obsolet ihr Einsatz für die ČSSR ist; in den *Anniversaries* dagegen muss sie an solch einer Suche nicht scheitern, weil sie sich niemals aufmacht zu suchen.

Gesine wirkt jedoch in den *Anniversaries* auch abgeklärter und charakterlich gefestigter als in den *Jahrestagen*, da sie nicht wiederholt frustrierende Desillusionierungen erfahren muss, wie es in den *Jahrestagen* bis zum Schluss der Fall ist. Zugleich aber erscheint ihre Persönlichkeit ohne diese Erfahrungen ärmer und weniger reif.

Insgesamt ist hier von einer Verflachung von Gesine Cresspahls Motivationen für ihren Einsatz im Sozialismus zu sprechen; ihre gesamte Lebensauffassung verliert an Tiefendimension, da die Alternativen zum Prager Frühling und andere Utopien aus den *Anniversaries* eliminiert werden.

48 Vgl. Eikel-Pohen (Anm. 1), S. 129ff.

Unterschlagen wird auch ihr Vermögen zu erkennen, welche Konsequenzen ihr wohlgemeinter Einsatz in der ČSSR, von dem es aus ihrer Sicht kein Abrücken gibt, hat, wenn die Analogien zur Situation in Vietnam nicht herstellbar sind. In den *Jahrestagen* bilden diese Darstellungen sogar eine Art Antiutopie. Sie zeigen als Negativfolie auf, welche Konsequenzen und Veränderungen auch der ČSSR unter US-amerikanischem Einfluss bevorstehen könnten.

Auch nimmt die Intensität, mit der sich Gesine Cresspahl im Verlauf des Jahres 1967/68 mit der Vergangenheit beschäftigt (im Zuge dessen aber auch mit der Gegenwart, welche zumindest in den *Jahrestagen* mit dieser zusammenhängt), von den *Jahrestagen* zu den *Anniversaries* hin ab. Innere Beteiligung und Betroffenheit werden in der Innendarstellung der Protagonistin der *Anniversaries* weniger deutlich als in den *Jahrestagen*. Gesines Psyche wird weniger stark ausgeleuchtet.

Die *Jahrestage* oder gar die *Anniversaries* als Entwicklungsroman zu klassifizieren, wäre sicherlich nicht korrekt, jedoch ist es legitim zu hinterfragen, inwiefern die Protagonistin Gesine eine Entwicklung durchmacht. Es ist aus dem bisher Dargestellten deutlich geworden, dass sie sich in den *Jahrestagen* entwickelt bzw. verändert, wenngleich diese Entwicklung auf etwas Negativem, ihrer Desillusionierung, beruht. Der Gesine Cresspahl aus den *Anniversaries* dagegen fehlt eine solche Entwicklung.

Unbewusste Wiederholungszwänge muss sie in den *Anniversaries* nicht ausagieren, auch versucht sie nicht, ihre Vergangenheit im Sinne einer Therapie durchzuarbeiten oder gar zu bewältigen. Daher haben die in den *Anniversaries* noch vorhandenen *Correspondances* auch keine Funktion oder Wirkung mehr in Bezug auf ihre Gegenwart oder Zukunft.

Gesines Entscheidung in Prag zu bleiben (wenn man sie annehmen möchte) ist wie ein selbst gezogenes Fazit am Ende der Entwicklung, die die *Jahrestage* und ihre Themen hervorzubringen vermögen.

Mit der Schuldfrage bezüglich der deutschen bzw. der eigenen Geschichte sieht sie sich in den *Anniversaries* überhaupt nicht persönlich konfrontiert. Es gibt in der englischsprachigen Version wenig zu bewältigen oder zu überwinden.

Wollte man also Desillusionierung als Resultat von Gesine Cresspahls Entwicklungsprozess in den *Jahrestagen* verstehen, so muss man für die *Anniversaries* konstatieren, dass das Fehlen dieser Entwicklung einen anderen Ausgang für Gesines Zukunft, wahrscheinlich in den USA, parat halten würde. Während Gesine in den *Jahrestagen* also in einer verfrühten *midlife crisis,* nach dem Tod zweier Lebenspartner und dem Leben in drei verschiedenen politischen Systemen, symbolisch in der sich nicht entwickelnden ČSSR festsitzt, muss sie in den

Anniversaries nicht einmal akzeptieren, dass es eine Entbindung von Schuld nicht geben kann. Womöglich verfolgt sie ihre Karriere in der Bank und wird den Vietnamkrieg noch weitere fünf Jahre passiv beobachten.

Von einer Gesine jedenfalls, bei der »Biederlichkeit und Fleiß und Unverstörtheit, Hausgemachtes und eine schon erschreckende Unsinnlichkeit sich breitmachen«,[49] wie Hamm sie hyperbolisch darstellt, kann bei der Gesine der deutschsprachigen Fassung keine Rede sein; umso weniger trifft dies auf die Protagonistin Gesine der englischsprachigen Fassung *Anniversaries* zu.

Fazit

Die Ergebnisse legen den Schluss nahe, der Gesine der *Anniversaries* das Fehlen einer inneren Entwicklung zu unterstellen. Dem *target reader* erscheint sie in der englischsprachigen Fassung als eine fleißige, kluge, selbstbewusste Frau, die berufliche Entscheidungen unabhängig von ihrer psychischen Disposition treffen kann, was sich bei der Gesine der *Jahrestage* ganz anders darstellt.

Es fällt dem amerikanischen *target reader* leicht, sich Gesine Cresspahls weitere Karriere in den USA als Ökonomin vorzustellen. Aufgrund des fehlenden Antriebs Gesines, Sühne für die Gräueltaten an den Juden im nationalsozialistischen Deutschland zu leisten, muss er von ihrer Ankunft in der ČSSR am 21. August 1968 nicht mehr überzeugt sein.

Gesine Cresspahl aus den *Anniversaries* wirkt insgesamt gegenüber der Gesine Cresspahl aus den *Jahrestagen* wie deren gelassener Zwilling, vielleicht wie ein Alter Ego, das dem Leben mehr Zuversicht und Zukunftsperspektive abgewinnen kann als die nachdenkliche Schwester.

Die Ergebnisse zeigen, dass Uwe Johnson mit Methode an die Kürzungen herangegangen ist. Der durch geschickte und wohl überlegte Kürzungen modifizierte Blickwinkel der *Anniversaries* auf die deutsche Geschichte korrespondiert einem veränderten, emotional distanzierten, aber auch statischeren Geschichtsbild.

Betrachtet man, wie konkret Johnson auf die negativen Kritiken diverser Rezensenten eingegangen ist (vor allem auf Reich-Ranicki, Blöcker und Demetz), so lässt sich konstatieren, dass hier ein Autor die Gelegenheit genutzt hat, sein Werk nach der Veröffentlichung noch einmal zu überarbeiten. Er hat dabei das Seziermesser fein und sauber, nach analytischen und strukturellen Vorüberlegungen, für die *cut version* angelegt.

Dem Fazit Ensbergs, Johnson traue dem amerikanischen *target reader* weniger zu, sodass er ihm weniger Kritik zumutet, kann jedoch nur bedingt zuge-

49 Peter Hamm: Uwe Johnson, der Schwierige, in: Bengel (Hg.) (Anm. 42), S. 152–156, hier: S. 153.

stimmt werden, denn die Frage, ob Johnson den Leser schonen wollte oder die Änderungen aus anderen Erwägungen heraus vornahm, wird von Ensberg nicht gestellt und dementsprechend auch nicht beantwortet. Es kann vermutet werden, dass Uwe Johnson als Mitglied der deutschen Kriegs- bzw. Nachkriegsgeneration es sich nicht anmaßen wollte, über eine andere Nation mit anderer Kultur moralisch zu urteilen.

Dieses Fazit beantwortet die Frage, ob es sich bei den *Anniversaries* um einen für sich selbst zu betrachtenden Roman handelt, der einer eigenen Lesart und Interpretation bedarf, positiv. Inhalt, Wirkungsabsicht und Skopos der *Anniversaries* weichen von denen der *Jahrestage* ab. Ziel und Zweck der englischsprachigen Fassung ist die traditionelle Wissensvermittlung vergangener Ereignisse aus kulturpädagogischen Gründen: Marie und der amerikanische *target reader* sollen Gesine Cresspahls deutsches kulturelles Erbe kennen und verstehen lernen. Daran leiden, wie Gesine in den *Jahrestagen*, sollen sie jedoch nicht. Der *target reader* wird in der amerikanischen Fassung also nicht nur mit politischer und historischer Kritik, sondern auch mit dem deutschen Blick auf die amerikanische Geschichte und Kultur verschont.

Die Protagonistin Gesine Cresspahl der *Anniversaries* wirkt abgeklärter, ruhiger und gelassener als in den *Jahrestagen*. Sie bildet, in einer Begrifflichkeit der Biologie gesprochen, einen anderen Phänotyp aus als ihr genotypischer Zwilling aus den *Jahrestagen*.

Dieser Gesine der *Anniversaries* möchte der *target reader* heute auf der 42. Straße Manhattans in Höhe der Public Library in Höhe des Bryant Park begegnen, wie es Uwe Johnson für sich behauptet hat.[50]

Peter Ensbergs Hauptkritikpunkten an den *Anniversaries* ist damit zum Großteil, aber eben doch nicht vollkommen zuzustimmen. Helen Wolffs und Uwe Johnsons Bagatellisierung der Konsequenzen, die sich aus den Streichungen der *Anniversaries* ergibt, ist dagegen nicht bestätigt worden. Der Einfluss der Kürzungen auf die Wahrnehmung New Yorks durch den *target reader* macht nicht beim Bild der Stadt Halt. Die Änderungen und Kürzungen greifen in die Darstellung und den Charakter der Protagonistin grundlegend ein. Die historische Substanz Gesine Cresspahls geht allerdings nicht verloren, denn an ihren Vergangenheitsdarstellungen werden kaum Streichungen vorgenommen. Ein Verlust an Gehalt ist allerdings da festzustellen, wo es um Gesines Fähigkeit zum kritischen Bewerten und Beobachten ihrer New Yorker Gegenwart geht. Das jedoch lässt die *Anniversaries* gegenüber den *Jahrestagen* nicht steriler wirken, sondern erzielt eine optimistischere Perspektive als in der deutschsprachigen Fassung.

---

50 Johnson (Anm. 9), S. 406.

Es geht nicht darum, den amerikanischen *target reader* zu schonen, aber es geht auch nicht darum, ihn zu belehren. Dies ist zugleich Stärke und Schwäche der *Anniversaries*, je nachdem, aus welcher kulturellen Perspektive und mit welcher historischen Erfahrung man sie betrachtet.

Eine Änderung des Titels für die englischsprachige Fassung in »Days of the Years«, wie sie die Übersetzerin Leila Vennewitz vorgeschlagen hatte, wäre diesem Unterschied entgegengekommen.[51] Sie würde zudem die Gattungsverschiebung vom Zeitroman hin zur Chronik implizieren.

51 Leila Vennewitz: »I felt that the word ›Anniversaries‹ fails to imply continuity, conveying rather a random assortment of, perhaps, wedding anniversaries, birthdays, etc. As soon as I hit on ›Days of the Years‹ I had a sense of the passage, of flux, of time, and I also like the closeness of the words to the German.« (In: Bengel [Hg.] [Anm. 42], S. 325.)

Kritik

Thomas Herold

»Liebes Fritzchen« – »Lieber Groß-Uwe«
Zu: Uwe Johnson – Fritz J. Raddatz. Der Briefwechsel, hg. von Erdmut Wizisla, Frankfurt am Main 2006

Der Briefwechsel zwischen Uwe Johnson und Fritz J. Raddatz beginnt fulminant. Am 10. August 1966 geht ein Schreiben nach New York, in dem Raddatz über allerlei Geschäftliches aus dem Rowohlt-Verlag spricht und sich nebenbei erkundigt, wie Johnson denn New York so gefalle. Der Brief ist unterzeichnet mit »fritzchen I« (9) und legt damit den Grundstein für ein lange währendes Spiel der Anreden, das dem von Erdmut Wizisla herausgegebenen und kommentierten Briefwechsel den Titel gibt. Johnson reagiert mit der Versicherung, ein zweites Fritzchen kenne er nicht, und selbst wenn, bliebe Raddatz immer die Nummer I (11). Vor allem aber antwortet Johnson mit einer langen Schilderung eines Samstags in New York. Er beginnt auf dem Spielplatz, wo die Tochter »eine permanente Verabredung« mit Kindern von Überlebenden des Holocaust hat. »Fuer die Muetter sehe ich irgendwem zu aehnlich«. Es geht weiter mit Essen und Einkaufen auf dem Broadway, wo »eine kleine Gruppe Neger den Bürgersteig entlang [kommt], muede schreiend, angefuehrt und abgeschlossen von je einem erschoepften verschwitzten Polizisten« mit Plakaten, die etwa an den Jahrestag der Bombe auf Hiroshima erinnern. Dann schreibt er: »Die Zeitung kostet so viel wie alle Tage. Durch einen Zufall kamen wir nicht dazu, am Nachmittag mit der South Ferry nach Staten Island zu fahren.« (11) Zufällig traf an diesem Tag Hans Magnus Enzensberger in New York ein, und Johnson holte ihn am Flughafen ab. Dass es sich bei Johnsons Schilderungen um mehr als nur brieflich festgehaltene Alltagsbeobachtungen handelt, vermutet Raddatz zu Recht. »ich bin sehr neugierig auf irgendein ›resultat‹« (17), so seine Reaktion, und tatsächlich sind hier die Motive und der Duktus der New York-Ebene der *Jahrestage* bereits angelegt, an denen Johnson gerade zu arbeiten beginnt und die ihn für die nächsten 17 Jahre beschäftigen werden.

Ein viel versprechender Anfang einer Korrespondenz also, die schon in den ersten Briefen eine Menge zu bieten hat: zwei Sprachkünstler, die immer auf der Suche nach pointierten Formulierungen sind (das Spiel der Anreden gipfelt in Johnsons »Liebes Primärfritzchen« [45]); zwei Insider des Literaturbetriebes – der erfolgreiche Romanschriftsteller auf der einen, der einflussreiche Lektor, Rezensent und Literaturwissenschaftler auf der anderen Seite, die über allen Klatsch und Tratsch der Szene informiert sind und davon zu berichten wissen; eine Briefbeziehung, die die jeweilige Arbeit dokumentiert, wie es hier der Fall ist mit den ersten Versuchen der *Jahrestage*; und eine Freundschaft zwischen zwei bestimmenden Figuren des westdeutschen intellektuellen Lebens der 60er und 70er Jahre des 20. Jahrhunderts. Zudem handelt es sich um zwei Intellektuelle mit vergleichbarem Lebenslauf. Mit nur drei Jahren Altersunterschied sind sie beide in der DDR sozialisiert, Raddatz ist 1958 nach Westberlin umgezogen, also ein Jahr vor Johnson. Schon deshalb erwartet man eine grundsätzliche Übereinstimmung der »Ansichten«, was Raddatz gewissermaßen bestätigt, wenn er 1969 Johnsons Text *Versuch, eine Mentalität zu erklären* lobt: »das ist ein wichtiger, klug gedachter und streng formulierter text. wie genau er sich mit meinen erfahrungen deckt, will Ihnen der beigelegte text zeigen: Sie erwähnen ja diesen merkwürdigen zwang, ›abschiedsbriefe‹ zu schreiben. hier ist meiner.« (102) »Meiner«, das ist Raddatz' Abschiedsbrief an Walter Czollek, seinen Arbeitgeber beim Verlag Volk und Welt, wo er von 1953 bis 1958 als stellvertretender Cheflektor tätig war.

Es liegt wohl in der Natur der Sache (und auch in Johnsons Persönlichkeit), dass die späteren Briefe nicht immer einlösen, was der Beginn des Austausches verspricht. Die kreative Anrede pendelt sich bei »lieber gross-uwe« und »Liebes Fritzchen I« ein, Variationen wie »Liebes unbeziffertes Fritzchen« (113) wirken gewollt und verlieren, hier im Jahr 1971, also fünf Jahre nach Beginn des Anredespielchens, ihren Charme; Klatsch und Tratsch gibt es zwar immer wieder, aber oft bleibt das vage und skizzenhaft; zwar berichtet Raddatz immer wieder von seiner Arbeit, seine wiederholte Frage nach Johnsons Schreiben bleibt allerdings meist unbeantwortet; und es wäre die Ausnahme, wenn diese ›Freundschaft‹ sich tatsächlich als dauerhaft erwiese und es nicht, wie in so vielen anderen Fällen auch, zum Bruch käme; das Thema ›DDR‹ schließlich bleibt gänzlich unangetastet, Johnson weigert sich auch in diesem Briefwechsel, als ›Experte‹ hierzu aufzutreten. Ebenfalls enttäuschend, und das ist vor allem dem Genre zuzuschreiben, bleibt, dass der Briefwechsel als Dialog zwar weitgehend, aber nicht immer funktioniert. So gibt es Unterbrechungen, die auf fehlende Briefe zurückgehen; und immer wieder wird es wohl Telefonate oder Treffen gegeben haben, mit denen sich die Lücken des Briefwechsels möglicherweise füllen ließen – der Leser erfährt es nicht.

Ob Raddatz immer wieder ungehört bleibt, wenn er sich nach Johnsons Schaffen erkundigt, bleibt im Dunkeln. Einmal antwortet Johnson, es sei ihm nicht möglich, »solche Gegenstände per Korrespondenz zu behandeln« (83). Er wünschte, Raddatz käme ihn öfter in Berlin besuchen. Möglicherweise haben etliche solche Gespräche stattgefunden und der Eindruck, den der Briefwechsel erweckt, dass es sich um ein beinahe penetrantes einseitiges Interesse handelt, das immer wieder zurückgewiesen wird, trügt. Andererseits beklagt sich Raddatz einmal über Johnsons »dünnlippigkeit« (207) bezüglich der *Jahrestage*, woraufhin Johnson zu Recht antworten kann, es wisse sonst ja niemand, »dass ich Mrs. Cresspahl in einen ehewilligen Zustand gebracht habe« (208). In der Tat, drei Monate zuvor hatte Johnson geschrieben: »Mrs. Cresspahl habe ich nun so weit, dass sie doch bereit ist zu heiraten, ja eine Ehe geradezu wünscht.« (195) Insgesamt freilich sind die Auskünfte, die Johnson über seinen Roman gibt, an einer Hand abzuzählen. Und wie rege der mündliche Dialog war, geht aus den Briefen nicht hervor. Der Kommentar und Fußnotenapparat erklärt und überbrückt die Lücken, wo es geht, und entschädigt den enttäuschten Leser so gut wie möglich – dass es sich insgesamt trotz der hier kritisch notierten Aspekte um ein lesenswertes Buch handelt, ist nicht zuletzt der Arbeit von Erdmut Wizisla zu danken; man erfährt oft aus Fußnoten und Anhang mehr als aus den Briefen selbst. Dennoch bleiben immer wieder Fragen offen und laufen Themen der Briefe ins Leere, ohne dass man als Leser wüsste, ob dies aus Verletzung geschieht, ob ein Brief verloren gegangen ist oder ob ein persönliches Treffen das Thema abschließt.

Der Beginn des Briefwechsels zeigt eine Arbeitsbeziehung, aus der sich so etwas wie eine Freundschaft zu entwickeln scheint. Raddatz versorgt Johnson mit Büchern aus seinem Verlag, fragt ihn nach Texten für Anthologien und erkundigt sich nach den *Jahrestagen*. Johnson berichtet aus New York, bittet um Bücher oder Artikel und treibt seine Scherze mit Raddatz, etwa wenn er am 1. April 1968 berichtet, wie Hans Erich Nossack sich im Namen der Deutschen Gegenwartsliteratur bei dem Rektor der Wesleyan Universität für das Verhalten Enzensbergers entschuldigt habe (62) – Enzensberger hatte aus Protest gegen die US-Außenpolitik ein Stipendium der Universität öffentlichkeitswirksam aufgekündigt. Zusammenkünfte scheinen, das dürfte kaum jemanden überraschen, stets in Besäufnissen zu enden, jedenfalls gibt es beiderseits immer wieder beinahe wehmütige Äußerungen in diese Richtung. Wenn Raddatz schreibt, »ich würde mich gerne ein bißchen mit Ihnen besaufen« (73), dann antwortet Johnson, »es wäre mir so recht wie Ihnen dass wir beide vor einem Fenster sässen und einen trinken« (75). Raddatz durchlebt zu dieser Zeit eine schwierige Phase, sein Lebensgefährte hat Selbstmord begangen. Eine Antwort auf den Brief, in dem Raddatz von dem Verlust erzählt, gibt es nicht. Wohl aber, so erinnert sich Raddatz, gab es einen Besuch in Hamburg, bei dem Johnson, mit Raddatz auf dessen Terrasse stehend, gesagt habe: »Hier wird sich, Fritzchen, nicht runtergestürzt.« (323) Bei aller Distanz und Unnahbarkeit, von der Johnsons persönliche Beziehungen geprägt sind, gibt es doch immer wieder solche Momente »große[r] Nähe« (323), wie Wizisla sie hier ausmacht – und sie scheinen besonders dann zu entstehen, wenn Johnson gebraucht wird. Er ist dann in der Lage, eine ungeahnte Fürsorglichkeit zu entwickeln. Ähnliches berichten etwa auch Marianne Frisch oder Peter Rühmkorf: Johnson ist ein Partner, auf den man sich in schwierigen Momenten voll und ganz verlassen kann.[1]

Dem Briefwechsel ist auch das Aufeinandertreffen zweier Arbeitscharaktere abzulesen, die unterschiedlicher nicht sein könnten. Auf den Vielschreiber Raddatz, der seine über 1000 Seiten langen *Traditionen und Tendenzen. Materialien zur Literatur der DDR* (1972) in dreieinhalb Monaten zu Papier bringt, trifft der Epiker Uwe Johnson, dem das genaue, langsame Schreiben zweite Natur ist. Es ist bemerkenswert, dass Raddatz Johnson gegenüber stets mit schlechtem Gewissen über sein eigenes Schreibtempo zu sprechen scheint. Etwa, wenn er zur Rekordzeit dieses »Marathons« anmerkt, man dürfe das ja keinem Menschen erzählen, »sonst ists a priori schlecht«, und hinzufügt: »Sie bequemer epiker lassen sich jahre zeit!« (106) Später, als die Beziehung schon einige ruppige Phasen durchlaufen hat, wird eben diese Differenz zum Thema. Johnson hatte Raddatz offensichtlich zum Vorwurf gemacht, seine von der Kritik teils heftig angegriffene Marx-Biographie in eineinhalb Jahren geschrieben zu haben. Raddatz fühlt sich nämlich bemüßigt darauf hinzuweisen, dass das gar nicht stimme, vielmehr habe er vier Jahre daran gearbeitet, und im Übrigen verweist er auf eines von Johnsons Vorbildern: »Sie wissen, daß Brecht so manches Stück in zwei Tagen geschrieben hat, und es waren nicht immer seine schlechtesten.« (223)

Zu den Erfahrungen der Arbeitsbeziehung gehört auch das Lektorat. 1970 hatte sich Raddatz als Lektor der *Jahrestage* angeboten (107). Eine Antwort auf dieses Ansinnen ist nicht erhalten. Dass es nicht dazu kam, weiß man hingegen. Und man wird sich vorstellen dürfen, dass es nicht an Raddatz war, dem Autor solches anzubieten. Einen Lektor suchte sich Johnson selbst. Er hatte für den Posten Reinhard Baumgart in Erwägung gezogen und dessen Zögern als Kündigung der Freundschaft, zumindest als großen Vertrauensbruch interpretiert. Die *Jahrestage* mussten ohne Lektor auskommen. Andererseits wurde Johnson von Siegfried Unseld zu Raddatz' Lektor berufen, dessen *Traditionen und Tendenzen* im Suhrkamp Verlag erscheinen sollten.

1 Vgl. dazu Roland Berbig u. a. (Hg.): Uwe Johnson. Befreundungen. Gespräche, Dokumente, Essays, Berlin 2002, S. 289, 332.

Die Tatsache, dass Raddatz sich erfolglos als Lektor anbietet, umgekehrt Johnson aber das Lektorat für Raddatz' Literaturgeschichte, die zugleich dessen Habilitationsschrift ist, übernimmt, ist symptomatisch für eine Beziehung, in der ein Ungleichgewicht herrscht, das nur selten kippt. Stets scheint Johnson die Oberhand zu behalten, Raddatz der Bittende zu sein, der die Freundschaft vorantreiben möchte. Von Johnsons Seite überwiegen die Bitten um Bücher, um Detailinformationen. Persönliches äußert er kaum und wenn, nur in Reaktion auf eine Anfrage. Das Wort ›Freundschaft‹, von Raddatz oft bemüht, kommt ihm nicht über die Lippen. Raddatz, mit einem stets vorhandenen Hang zum Selbstmitleid, klagt Johnson sein Leid – der wiederum reagiert, gerade wenn es um Siegfried Unseld geht, der zunehmend ein Leitmotiv des Briefwechsels wird, kühl und zurechtweisend. Die Momente, in denen Raddatz aus seiner Rolle als Bittender und Fragender herausfällt, sind rar und deshalb umso auffälliger. Als etwa Johnson fragt, was Raddatz über den Tod Ulrike Meinhofs denke, die Aussage ihrer Schwester spreche doch »sehr stark gegen die Annahme eines Selbstmordes« (214), ist es einmal Raddatz, der das ›Erklären‹ übernimmt:

> ich weiss es nicht. an ein umbringen im engen sinne des wortes vermag ich nicht zu glauben – so weit wie zu erich mühsams »lebzeiten« sind wir doch wohl noch nicht?!? ganz gewiss aber ist, scheint mir, dass es sich um ein umbringen im vermittelten sinne des wortes handelt – wie, im selben sinne, um ein langes zulaufen auf den selbstmord. alles, was ulrike seit jahren tat, war suizidär. (216)

Ein andermal, nachdem ein Missverständnis zum Zwist geführt hatte, macht Johnson den ersten Schritt – eine erwähnenswerte Tatsache, die sich so nicht wiederholen wird. In diesem Fall wird Raddatz schreiben, dass er über Johnsons harsche Reaktion überrascht gewesen sei, aber Schwamm drüber (188); dieses »Schwamm drüber« wird allerdings seltener, die Konflikte werden nachhaltiger, der endgültige Bruch folgt 1978.

Dass es sich um ein unausgewogenes Verhältnis handelt, dass die Beziehung einseitig war, drückt sich auch im Missverhältnis der gegenseitigen Besuche aus: Während von Johnson kaum ein Besuch dokumentiert ist, hat Raddatz Johnson in Berlin, New York und Sheerness besucht – »es war besonders schön bei Ihnen und natürlich auch besonders merkwürdig« (246), schreibt er direkt im Anschluss. Wie er überhaupt Begegnungen oft in Briefen kommentiert mit einem verzweifelten Aussprechen dessen, was schief gelaufen ist (und oft scheint wieder einiges schief gelaufen zu sein): »Sie waren ja arg spröde, um es einmal gelinde auszudrücken und wieder ein strafender gerechter Gott« (223), heißt es nach einer Begegnung in Frankfurt im Jahr 1977. Die Unausgewogenheit spricht Raddatz ein Jahr später an, als er die zerbrechliche Freundschaft beklagt, in der es kein gegenseitiges »Aufeinander-Zugehen« gebe: »Wie oft bin ich nach Berlin zu Ihnen gekommen – wie oft umgekehrt?« (258) Da ist es schon fast vorbei. Raddatz' Bemerkung: »Auch andere Menschen sind empfindlich« (259), kann gerade noch einmal ein eher trockenes »Ich danke Ihnen für die Richtigstellung« von Seiten Johnsons provozieren, der einen »Strich« unter »die ganze Sache« zu ziehen bereit ist (260). (Die »Sache« muss hier nicht rekapituliert werden; man kennt das, es handelt sich um die typische überscharfe, selbstgerechte, in den Formulierungen extrem verletzende Art des »späten« Johnson, auf seine Umwelt zu reagieren. Raddatz ist davon in besonders haarsträubender Weise betroffen, wobei die Steine des Anstoßes kleine Missverständnisse, falsch verstandener Humor oder Johnsons Trennung von seiner Familie sein können.) Der endgültige Bruch ist bereits vorgezeichnet und nur noch eine Frage der Zeit – er erfolgt mit geradezu grotesken Anschuldigungen und der späten Einsicht von Raddatz, dass die Freundschaft allein von ihm beschworen worden sei und er sich darin wohl getäuscht habe.

Bemerkenswert ist nicht so sehr das (absehbare) Ende dieser Beziehung, sondern der Vorlauf, der mit Raddatz' Ausscheiden aus dem Rowohlt-Verlag 1969 und dem Auftreten Siegfried Unselds beginnt, der kurzzeitig erwogen hatte, Raddatz in seinem Verlag unterzubringen. Es gibt einige Begegnungen zwischen Raddatz und Unseld, oft von Johnson vermittelt, die stets mit einer Verstimmung enden, die Raddatz Johnson brieflich mitteilt. Das heikle Dreierverhältnis, wie es aus den Briefen und dem Kommentar ablesbar ist, ist vielleicht der dunkelste Punkt dieser Korrespondenz. Johnson gibt sich hier schulmeisterlich-herablassend, stets seinen Verleger verteidigend. Raddatz fühlt sich ständig übervorteilt und ungerecht beiseite geschoben, wiederholt beklagt er sich, dass Unseld ihn ablehne, sich nicht nach seiner Arbeit erkundige, ihn nicht genügend beachte. Selbst die Publikation von *Traditionen und Tendenzen* im Suhrkamp Verlag ist begleitet von Missverständnissen, Uneinigkeit, gebrochenen Absprachen und gegenseitigen Vorwürfen, wobei Johnson stets die Verlagsseite vertritt und Raddatz daran erinnert, als Lektor wohl selbst so gehandelt zu haben, wie er es nun Unseld vorwirft (199). Dabei agiert Johnson nicht als neutraler Vermittler, sondern leitet Raddatz' Einlassungen an Unseld weiter und hält ihn stets auf dem Laufenden. Raddatz scheint nicht bewusst gewesen zu sein, dass er in dieser Konstellation immer und von vornherein der unerwünschte Dritte bleiben musste. Es kommt zum Schlagabtausch wegen der vom Verlag, so jedenfalls empfindet es Raddatz, hinausgezögerten Veröffentlichung von *Traditionen und Tendenzen* – im Apparat findet sich ein Brief von Unseld an Raddatz (135ff.), in dem einiges ge- und erklärt wird, aber mitnichten eine endgültige Klärung des Konfliktes erfolgt, von Raddatz' Seite gibt es noch eine ganze Reihe offener Fragen. Der Briefband stellt hier Aussage gegen

Aussage. Zur Versöhnung der Positionen kommt es nicht, und es bleibt offen, ob Raddatz unter Verfolgungswahn litt oder ob Unseld die Grenzen des Anstands tatsächlich überschritten hatte. Das textliche Zeugnis spricht für Letzteres, ein klärender Kommentar bleibt aus – dies ist eine der wenigen Stellen, wo man sich noch ein paar ausführlichere Fußnoten gewünscht hätte. Johnson jedenfalls bleibt auf der Seite seines Verlegers, der sich seinerseits in einem Brief über Raddatz' Erzählung *Kuhauge* (1984) lustig macht.[2] Johnson geht so weit, an Unseld, dem er Durchschläge seiner wildesten Beschuldigungen sendet, zu schreiben: »Das Ärgste an der kaltschnäuzigen Geschwätzigkeit dieses Menschen [Raddatz] ist die Folge, dass ich nunmehr zumindest Max Frisch den Sachverhalt [die Trennung von Elisabeth] zugeben muss« (265) – hier ist Johnson bereits so verbittert, dass er wohl tatsächlich glaubt, es sei Raddatz' Schuld, dass er sich von Elisabeth habe trennen müssen, eine Anschuldigung, die verschlüsselt in der *Skizze eines Verunglückten* wiederkehrt.

Raddatz erwähnt in einer Rezension der *Skizze* die unfassbare persönliche Verletzung nicht, wohl aber fordert er, Johnson müsse seine unglaubliche Behauptung aus den *Begleitumständen*, der tschechische Geheimdienst habe ihn durch seine Frau Elisabeth ausspioniert, beweisen, wenn er öffentlich auf ihr bestehen wolle (328). Dennoch empfiehlt er, inzwischen Leiter des Feuilletons der »Zeit«, seinen Lesern das Buch. Beinahe versöhnlich klingen die beiden letzten Briefe vom August 1983 (368ff.), in denen es, nach fünfjähriger Briefpause, um eine von der »Zeit« gesponserte New York-Reise Johnsons geht, die dann auch im September desselben Jahres stattfindet. Allerdings ist Johnsons Anrede »Sehr geehrter Herr Raddatz« einmalig und ein harscher Kontrast zu dem sonst ausnahmslos verwendeten »Fritzchen«. Damit endet der Briefwechsel am 10. August 1983 – exakt 17 Jahre nach dem ersten Brief vom 10. August 1966. Eine letzte Begegnung zwischen Raddatz und Johnson gibt es laut Nachwort anlässlich von Hans Werner Richters 75. Geburtstag im November 1983. Reinhard Baumgart berichtet, es habe hier eine »allgemeine, fast schon zu rührselige Versöhnungsorgie« (331) stattgefunden. Johnson näherte sich, so schreibt Wizisla, dem Tisch, an dem bereits Grass und Raddatz saßen, und fragte, ob er sich setzen dürfe. »Besonders gern, wenn Sie finden, dass es angebracht ist«, antwortete Raddatz. »Fritzchen ist immer angebracht«, soll Johnson daraufhin gesagt haben (331). Bernd Neumann erzählt die gleiche Geschichte, nur andersherum: Raddatz habe den Schritt auf den sitzenden Johnson zu unternommen.[3] Welche Version stimmt, soll hier nicht entschieden werden.

2 Uwe Johnson – Siegfried Unseld. Der Briefwechsel, hg. von Eberhard Fahlke und Raimund Fellinger, Frankfurt am Main 1999, S. 1081.

3 Vgl. Bernd Neumann: Uwe Johnson. Mit zwölf Porträts von Dieter Ritzert. Studienausgabe, Hamburg 1996, S. 753.

André Kischel und Antje Pautzke

»Wir laufen [...] irgendwie nebeneinander her«
Zu: Uwe Johnson – Walter Kempowski. »Kaum beweisbare Ähnlichkeiten«. Der Briefwechsel, hg. von Eberhard Fahlke und Gesine Treptow, Berlin 2006

»Was heisst Ocki-Arbeit und was ist Iben in Beziehung zu Kluge« (7). Mit diesem knappen Telegramm beginnt der Briefwechsel zwischen Uwe Johnson und Walter Kempowski im März 1971. Zwei Autoren, von denen angenommen werden könnte, dass sie mehr als die gemeinsame norddeutsche Herkunft verbinde. So verwundert es zunächst, dass die Edition ihrer Briefe nur 143 Seiten umfasst, von denen zwölf noch dem Nachwort der Herausgeber Eberhard Fahlke und Gesine Treptow vorbehalten sind.

Johnson lässt seinem für Nicht-Mecklenburger oder Nicht-Kempowski-Leser unverständlichen Telegramm unverzüglich einen Brief folgen, in dem er seine Fragen weiter ausführt und berichtet, dass er Kempowskis Roman *Tadellöser & Wolff* (1971) zweimal gelesen habe und zu verteidigen – folglich zu schätzen – wisse. Leider nicht überliefert ist das anschließende Telefonat, dem Kempowski einen Brief nachreicht, in dem er die »dürftig-miesen Kritiken« (10) beklagt, die sein Buch erhalten habe, und sich selbst mahnt: »Auf Brief mit Brief antworten, mein lieber Junge, auf Besuch mit Besuch« (ebd.). Dieser Brief, wie auch das erste Telegramm und viele weitere Zeugnisse, insbesondere von Kempowski, liegen faksimiliert vor. Dadurch werden Nähe und Authentizität vermittelt. Allerdings wird die Lektüre durch die fehlenden, doch wohl notwendigen Transkriptionen der Handschriften erschwert. So muss sich der Leser selbst um die Entzifferung bemühen, wird aber mit interessanten Funden belohnt. Kempowski bezeichnet sich beispielsweise als »Normalleser«, oder heißt es doch »Nur-mal-leser«, der sich an den »unzähligen Geschichten und Geschichtchen« der *Jahrestage 2* »erfreut« (47). – Der gebürtige Rostocker ist jedoch mitnichten ein derartiger Gelegenheitsleser. Die durchaus kritische und von gegenseitigem Respekt und Wertschätzung zeugende Diskussion der Werke des Gegenübers ist es, die die erste Phase des Briefwechsels bis in den Sommer 1973 bestimmt.

Bereits die *Jahrestage 1* studiert Kempowski gründlich und lässt ihrem Verfasser eine Reihe von Notizen zukommen, die aus sachlichen und erzähltechnischen Kommentaren sowie spontanen Assoziationen und Würdigungen einzelner Passagen besteht. Beispielsweise kann er mit dem Hinweis dienen, dass es im historischen Kontext der *Jahrestage* »Rostocker Anzeiger« statt »Rostocker Zeitung« heißen müsse. Ein Tipp, den Johnson dankbar annimmt und in der folgenden Auflage berücksichtigt. Die für den Titel des Briefwechsels zitierten »kaum beweisbaren Ähnlichkeiten«, die Kempowski zwischen beiden Œuvres sieht, bewegen ihn zu dem Geständnis: »Ich hätte die *Jahrestage* auch gerne geschrieben.« (20)

Als Hilfestellung zu derartigen Notizen haben die Herausgeber die jeweils entsprechenden Textstellen der *Jahrestage* beigefügt, die den unmittelbaren Werkkontext zeigen und so das Zuordnen erleichtern. Darüber hinaus leisten informierte Kommentare eine gute Hilfestellung bei der Klärung von Idiomen, historisch-biografischen Bezügen und Personendaten. Allein die an manchen Stellen auf den ersten Blick verwirrende Zuordnung einiger Kommentare ist hier und da hinderlich. So wird auf einer Seite die Wendung »Respekt för dat Hus« (48) erläutert und auf der Folgeseite darauf hingewiesen, dass der Ausdruck auf der wiederum folgenden Seite – minimal variiert – zu finden, der Kommentar jedoch auf der vorhergehenden Seite nachzuschlagen ist.

Als eine Art kollegiale Gegenleistung für Kempowskis Anmerkungen bietet sich der mit Lektoratsaufgaben vertraute Johnson an, das noch unveröffentlichte Typoskript von *Uns geht's ja noch gold* (1972) zu lesen. Kempowski erhält es »wunschgemäß mit mal dicker, mal dünner, immer aber blauer Farbe [...] verunziert« (56) zurück. Und wenngleich Johnson beteuert, dass er seine Korrekturen dem »Text vorschlagsweise angetan habe« (57), steht am Ende dieses Briefes die Empfehlung: »Solange das Buch in diesem Zustand ist, sollte dem Verfasser von einer Veröffentlichung abgeraten werden. Er kann seine Sache besser, als hier zu sehen ist.« (59) Neben notwendigen sachlichen und stilistischen Verbesserungen sieht Johnson das neue Buch qualitativ insgesamt hinter *Im Block* (1969) und *Tadellöser & Wolff* zurückstehen. Die fachliche Kritik führt aber nicht, wie zuvor zwischen Johnson und Max Frisch, zu einem professionellen und freundschaftlichen Verhältnis. Vielmehr, wie von den Herausgebern zu erfahren, ist das »Resultat der Lektoratsarbeit am Text von Kempowski desaströs«, der Autor »zeigt sich pikiert« (136). Ähnlich gekränkt, durch eine Vermengung von Fachlichem und Persönlichem, erscheint auch Johnson, wenn er seine Korrekturvorschläge vernachlässigt, »für die Katze und die Vögel« (56) glaubt.

Poetologisch sind sich beide einig, dass ›Erinnerung‹ ein zentrales Thema ihrer Werke ist. Art und Weise des Erinnerns hingegen sehen sie unterschiedlich. Dem Kempowski vorgeworfenen »Mangel an Realien« (62) aufgrund seines sehr subjektiv-biografischen Dokumentationsverfahrens begegnet er mit der Ansicht, dass gerade dies ein Element der Authentizität sei, »weil jedes Menschen Erfahrung löcherig ist« (64). Johnson empfiehlt: »die Benutzung anderer Zeugenberichte könnte nicht schaden« (62), und verrät Kempowski so die Methode seiner eigenen Romanrecherchen. Die zahllosen Ordner und Mappen in seinem Nachlass mit Artikeln aus der »alten Tante« »New York Times«, aus diversen Magazinen und Chroniken zeugen davon.

Nach dem verunglückten Lektoratsversuch bricht der Kontakt zwischen beiden Autoren fast ab, abgesehen von vereinzelten Briefen und Ansichtskarten. Daran ändert auch nichts, was sich als Anflug eines freundschaftlichen Intermezzos beschreiben ließe. Anlass ist eine Kleinigkeit: Johnson redet seinen Briefpartner versehentlich mit »Herr von Kempowski« an. Dieser wiederum, stets »auf Varianten [s]eines Namens vorbereitet« (25), greift diese unabsichtliche Erhebung in den Adelsstand auf, und auch Johnson verwendet die Anrede »Lieber Graf Kempowski« bzw. »Lieber Graf K.« dreimal als Anrede für seine Briefe; und einmal, wie das Nachwort verrät, in einem späten Telefonat 1983. Da derartige Verballhornungen offensichtlich häufiger vorkommen – von »Klimbimsky« bis »Kompotzki« –, widmet Kempowski ihnen die laufschriftartige Kopfzeile seiner Briefbögen. Über diese angedeutete Neckerei und einige Glückwünsche zu Geburts- oder anderen Festtagen hinaus ist von persönlicher Nähe wenig zu finden. Verbindendes Element bleibt das Interesse an der gemeinsamen Herkunft und der Austausch von entsprechender Literatur, den »Mecklenburgica«.

Die zweite ›intensive‹ Phase des Briefwechsels beginnt 1979 und dauert bis 1983, wobei auch dieser Austausch lediglich 29 Schreiben umfasst. Autorschaft und Werkkritik sind in diesem Teil nur noch selten Thema, obwohl Kempowski einen Auszug aus den *Jahrestagen 1* in sein Lesebuch[1] aufnimmt. Der Ton wird auf ›mecklenburgische Art‹ vertrauter. (›Der Mecklenburger‹ redet wenig, und dazu selten von sich.) Die beiden Autoren beginnen, sich kleine Begebenheiten aus ihrem Alltag zu erzählen, die mehr als bloße Berichte, eher kurze, wohlüberlegte Erzählungen sind. So setzt Johnson beispielsweise einer Bekanntschaft aus dem Pub von Sherness on Sea ein kleines, fast rührendes Denkmal: dem vierundsechzigjährigen Tischler Tony, der ihm einen Sessel repariert und zu dessen Lohn neben Geld besonders Whiskey und ein gutes Gespräch gehören.

1 Walter Kempowski (Hg.): *Mein Lesebuch*, Frankfurt am Main 1980.

Auch in dieser zweiten Phase des Briefwechsels bleibt ›Mecklenburg‹ das verbindende Moment, wie der Austausch von »Mecklenburgica« und einige Postkarten Johnsons aus Rostock zeigen. So erwähnt Kempowski eine Reproduktion der Rostocker Skulptur »Die Trinkende«, an die sich auch Johnson erinnert: »zwei Jahre lang [sei er] fast jeden Tag an ihr vorbei zur Schule gegangen« und habe »auch so manches sittliche Buch zu ihren Füssen studiert[e]« (115). Kempowski antwortet auf diesen ›persönlichen‹ Einblick mit einer Anekdote über seinen Bruder und mit der Geschichte eines Mädchens, das »wohl nicht ganz richtig im Kopfe« (101) gewesen sei und versucht habe, in seinem Haus Selbstmord zu begehen. Aber auch einfacher Tratsch über den Literaturbetrieb findet sich. Etwa wenn es aus Nartum heißt: »Günter G. macht sich ein wenig lächerlich durch sein stetiges Senfgeben« (86). Kempowski tut kund, dass er gern mit Peter Rühmkorf rede, aber mit dessen Gedichten »nichts anfangen« könne; und schließlich konstatiert er: »Seine politische Einstellung ist ›ambivalent‹, gelinde gesagt« (ebd.). Auf solche Mitteilungen reagiert Johnson nicht. Ein briefliches Gespräch über Kollegen oder den »Klatsch im westdeutschen Literaturtheater« (89), wie in anderen Briefwechseln zu beobachten, kommt nicht zustande. Auch bei Kempowski ist der Wunsch nach Nähe begrenzt. Eine angedeutete Einladung schlägt der Landlehrer aus und gesteht: »ich habe immer etwas ›Schiß‹ vor Ihnen. Sie haben so etwas Strenges an sich, das mir zwar vertraut ist, aber mir den Mund verschließt« (82). Ein Moment von Nähe findet sich andeutungsweise, als Johnson, aus der Krise seiner letzten Lebensjahre heraus, nach fast einjähriger Pause, im Spätsommer 1980 in einem Brief bekennt: »In Wahrheit habe ich einer schriftlichen Zuwendung von Ihnen hin und wieder ein wenig entgegengesehen« (87), um dann resignierend mit der Feststellung zu schließen: »Mir ist eröffnet worden, dass ich nie eine Familie hatte; so lebe ich denn seit Jahren allein, und muss noch froh darüber sein.« (90) Was kann ihm da Kempowski, dem mehr Glück in dieser Hinsicht beschieden ist, antworten? Er drückt seine »Teilnahme hinsichtlich der Affäre« von Johnsons Frau aus, und seine Ratlosigkeit: »Was soll man sagen?« (101)

Eine letzte Möglichkeit zu gemeinsamer Arbeit schlägt Johnson im Januar 1983 aus. Die Fernsehredaktion von Radio Bremen bietet ihm ein Schriftstellertreffen im Hause Kempowski an. Johnson hält das Treffen weder für notwendig noch glaubt er, dass es aufgezeichnet werden müsse. Zudem fühlt er sich in der ihm vorgeschlagenen Rolle des etablierten Schriftstellers, der einen literarischen Debütanten vorstellen soll, nicht recht wohl. Auf der anderen Seite ist Kempowski stets bemüht, eben durch solche Treffen und Gemeinschaftsarbeiten im Literaturbetrieb als ›arrivierter Autor‹ aufzutreten. Im Gegensatz zu Johnson, der bereits mit den *Mutmassungen über Jakob* (1959) auf großes Interesse stößt, glaubt sich der Reederssohn lange von der Öffentlichkeit ignoriert. Johnsons letzter Brief teilt Kempowski seine Entscheidung mit und fragt zugleich nach einem »Sammler von Mecklenburgica« (127) – Zeugnis der Not des einsam alternden Autors. Eine Antwort bleibt aus. Schließlich gibt es noch einen kurzen Kontakt zwischen Sheerness und Nartum, wie das Nachwort der Verleger nachreicht – ein Telefonat am 16. Mai 1983, von Kempowski in seinem Tagebuch *Sirius* (1990) dokumentiert: »Er war sichtlich mitgenommen«,[2] heißt es dort.

Im Vergleich zu den Briefwechseln mit Siegfried Unseld oder Max Frisch ist der mit Kempowski von relativ geringem Umfang. Er fällt dennoch ins Gewicht, bietet einen durchaus aufschlussreichen Einblick sowohl in das Verhältnis beider Schriftsteller zueinander als auch in die Lebens- und Arbeitswelten jedes Einzelnen. Gewiss, das Bild bleibt fragmentarisch. Vor dem Hintergrund der Lebensläufe und Werke zeigen sich allerdings sprechende Einzelheiten, die helfen, das Bild der Autoren zu schärfen und zu ergänzen.

Bereits der Beginn des Briefwechsels lässt aufhorchen: Der längst im Literaturbetrieb angekommene Johnson fragt mit der Eile eines Telegramms nach dem Werk des stets um Akzeptanz ringenden Kempowski. Sie werden einander durch ihre Arbeiten vertraut. So überrascht es kaum, dass die Beziehung durch gegenseitige Privatlektorate fortgesetzt wird, und es scheint unvermeidlich, dass sich daraus persönliche Spannungen ergeben. Das Verhältnis ist viel sagend beschrieben, wenn Kempowski sein fünf Jahre jüngeres Gegenüber als »großen Bruder« (54) bezeichnet. Und obwohl es den Anschein hat, dass der Kontakt nach dem scharfen Lektorat Johnsons einzufrieren beginnt, ergibt sich einige Jahre später ein neuer und überraschend persönlicher Kontakt.

Johnson und Kempowski fühlen sich durch mehr als nur die gemeinsame Herkunft verbunden. Die Verbindung beruht wesentlich auf ihrem Werk, ihrem literarischen Umgang mit der Erinnerung. Beide suchen die Erinnerung an die Herkunft zu bewältigen, fordern immer wieder zur Erinnerung auf, jeder freilich auf seine Weise.

Der Briefwechsel vereint zwei ›Dichter beider Deutschland‹. Und dennoch bleibt richtig, was Kempowski gleich in einem seiner ersten Briefe feststellt: dass ihre »›Produktion‹ irgendwie nebeneinander her« laufe (12). Beide können eine gewisse Distanz nie ganz überwinden. Die ›beweisbaren Ähnlichkeiten‹ erlauben nicht mehr.

2 Walter Kempowski: *Sirius. Eine Art Tagebuch*, 2. Aufl. München 1990, S. 204.

Sebastian Ostermann

Zu: Elisabeth K. Paefgen: Wahlverwandte. Filmische und literarische Erzählungen im Dialog, Berlin 2009

Der Dialog zwischen Literatur und Film lässt sich nicht allein auf Literaturverfilmung oder die Integration filmischer Mittel in Literatur reduzieren. Zu vielschichtig sind die wechselseitigen Rezeptionsweisen beider Medien. Elisabeth K. Paefgen analysiert in ihrer Untersuchung die respondierenden Beeinflussungen als wahlverwandtschaftliche, um die Gemeinsamkeiten in der Erzählung in beiden Medien zu fassen, aber auch um Kontraste und Divergenzen darzustellen. Der Band versammelt zehn seit 2002 entstandene Aufsätze, die eine anregende Zusammenschau ermöglichen. Paefgen liefert nicht allein erhellende Literatur- und Filmanalysen, auch methodische und theoretische Reflexionen durchziehen die Aufsätze, interdisziplinäre Ansätze werden erprobt, wodurch das Feld einer rein philologischen Interpretation erweitert wird.

Paefgen setzt sich in ihrer Aufsatzsammlung mit unterschiedlichen Fragestellungen auseinander, die im weiten Feld intermedialer Bezüge verortet sind. Nicht allein der Film wird in seiner Relation zur Literatur untersucht, auch kunsthistorische Ansätze werden für eine Literatur- und Filmanalyse produktiv gemacht. So zeigt »Blicke der Seele, Blicke des Körpers« eine vergleichende Analyse von Thomas Manns *Buddenbrooks* mit zwei Literaturverfilmungen. Über die Kategorie ›Aufmerksamkeit‹, die von dem Kunsthistoriker Jonathan Crary als perzeptive Neuerung des 19. Jahrhunderts beschrieben wurde, macht Paefgen eine Analysekategorie produktiv, die sich gleichermaßen auf die Literatur wie auf den Film anwenden lässt. ›Aufmerksamkeit‹ bezeichnet das Phänomen, dass Sehen immer nur subjektives Sehen sein kann. Das kann die Literatur sehr gut darstellen, doch versagt an dieser Stelle der Film, der auf das Sichtbare beschränkt, keine Introspektion der Figuren liefern kann. Es können allein die Blicke der Figuren untersucht werden, die Rückschlüsse auf die Gemütslage zulassen.

Gleich zwei Aufsätze sind Uwe Johnson gewidmet. »Kinobesuche« sucht nach Kinospuren in Johnsons Werk. Das Kino ist ein Ort, der in den *Jahrestagen* ganze zwei Mal aufgesucht wird, jedoch mit zweifelhaftem Erfolg: Das erste Mal wird im Kino ein Nazi-Schinken gezeigt, das zweite Mal, da lebt Gesine Cresspahl schon in New York, eine Dokumentation über die Tschechoslowakei. Kinobesuche markieren also Ablenkung und Flucht sowie politische Erinnerungsarbeit. Johnson stellt (bewusst oder unbewusst?) in aller Knappheit zwei wichtige Funktionen des Kinos aus, die gleichermaßen wesentliche Stränge der Filmkritik des 20. Jahrhunderts abbilden: die Ablenkungs- und Betäubungsfunktion, die Kritiker wie Siegfried Kracauer dem (nichtavantgardistischen) Film zusprachen, aber auch politische und kritische Dimensionen, wie sie beispielsweise in der Nouvelle Vague oder im Neuen Deutschen Film ausgestellt wurden.

Paefgen diskutiert weiterhin Johnsons mündliche Äußerungen zum Film. Insbesondere interessiert sie Johnsons Aussage, der Film sei eine Tochter des Erzählens. Der genderkritische Einwurf Paefgens kommt zu dem Schluss, dass für Johnson durch die feminine Form das Bedrohungspotential des Films eingehegt, dass eine narrative ungefährliche Genealogie behauptet wird: »Wenn es um die Genealogie geht, wird der Film ›nur‹ als Tochter der alten Erzählkunst geschätzt. Wenn es um den Stil geht, werden die filmischen Mittel selbstverständlich zitiert, um die eigene Kunst zu beschreiben und vielleicht sogar aufzuwerten.« (15) Johnsons Auseinandersetzung mit dem Film (aber auch mit der Fotografie) ist, so Paefgen, subtil. Ein filmischer Einfluss auf seine Werke wird von Johnson immer wieder negiert, doch erhellen die zeitgenössischen Filme die Rezeption der beiden ersten publizierten Romane ungemein; strukturelle und formalästhetische Verwandtschaften sind unübersehbar. (Paefgen sieht Parallelen zu Jean-Luc Godards *À bout de souffle* oder Alain Resnais' *L'année dernière à Marienbad.*) Darüber hinaus weist sich der Fernsehkritiker Uwe Johnson in *Der 5. Kanal* durchaus als Kenner der ästhetischen Dimensionen des Spielfilms aus.

»Was für ein Erzähler?!«, Paefgens zweiter Aufsatz zum Werk Uwe Johnsons, ist der Versuch, die *Mutmassungen über Jacob* filmnarratologisch zu lesen. Damit arbeitet sich Paefgen an der Bewertung der Erzählmodi ab, ist doch in der Johnson-Forschung nach wie vor umstritten, welcher Erzählmodus in diesem Roman vorzufinden ist. Insbesondere um die Erzählerpassagen wird eine heftige Kontroverse geführt. Was geschieht im Roman eigentlich? Werden vage Augenzeugenberichte hintereinander geschaltet oder ist es ein mehr oder weniger allwissender Erzähler, der hier berichtet? Dass sich dieser über 50 Jahre alte Roman einer eindeutigen Zuschreibung widersetzt, führt Paefgen zu der polemischen Frage, ob man nicht »der (Primär-)Literatur diesen (kleinen) Sieg über die (sekundäre) Theorie gönnen« solle (22)?

Es ist diese Sperrigkeit der *Mutmassungen*, die die Autorin interessiert. Paefgen schlägt vor, die Frage nach einem allwissenden Erzähler und einer Erzähltypologie in der Diktion Franz K. Stanzels ruhen zu lassen und sich Gérard Genette zuzuwenden. Genettes Analysekriterien sind »überhaupt zutreffender« (23), denn sie widmen sich der Geschwindigkeit, dem Modus (Fokalisierung) und der Stimme der Erzählung. Ist erst einmal die Frage nach dem Erzählmodus suspendiert, werden die Befunde interessanter: Der Erzähler wird »zu keiner erkennbaren und konturierten Figur gestaltet; er bleibt sozusagen ›körperlos‹ und präsentiert sich als jemand, der sich insgesamt absent hält von der diegetischen Welt.« (24)

Paefgen ergänzt ihre Argumentation durch Anleihen aus der Filmnarratologie, um die Flexibilität der Romananalyse zu erweitern. Dabei hilft ihr der vom semiotischen Filmtheoretiker Christian Metz vorgeschlagene Begriff der Peridiegese. ›Peridiegese‹ bezeichnet eine teilnehmende Beobachtung, also ein Erzählen, das dem erzählten Umfeld in eigentümlicher Weise zugleich nahe steht und dennoch Distanz wahrt. Das erinnert Paefgen an die Off-Stimme im Film, durch die sich auch der Erzähler der *Mutmassung über Jakob* charakterisieren lässt.

Problematisch an Paefgens Analyse ist jedoch die Konsequenz, die sie aus der Interpretation der Off-Stimme zieht: »Zugleich wird bei einem Vergleich mit dem filmischen Off-Erzählen deutlich, dass vieles gar nicht *gesagt* werden müsste, sondern *in Bildern gezeigt* werden könnte.« (26) Dass hiermit der Beschreibungsdiskurs angesprochen wird, liegt auf der Hand. Dennoch bleibt die mediale Diskrepanz bestehen: Denn jede literarische Beschreibung bleibt in der Sukzession der Schrift begründet, und auch Paefgens Vorschlag, Beschreibung liefere eine bildliche Präsenz, kann an dieser Stelle die medientheoretischen Prämissen nur bedingt einholen.

Ein abschließender Vergleich der *Mutmassungen* mit Alain Resnais' Film *Hiroshima Mon Amour* zeigt eine inhaltliche und formalästhetische Koinzidenz der beiden im selben Jahr erschienenen Werke. Inhaltlich werden Liebesgeschichten nach der Katastrophe des Zweiten Weltkriegs erzählt, die formalen Neuerungen finden ihren Ausdruck in einem spezifischen Umgang mit der Chronologie der Erzählung und der Zuweisung der Erzählstimmen. Paefgen stellt heraus, dass sowohl Regisseur wie Autor politische Tabus brechen, die in beiden Medien zu ästhetischen Neuerungen und zu neuen Formen des Erzählens führen. Sind es bei Resnais *flashbacks*, die die Geschichte der Liebe eines französischen Mädchens zu einem deutschen Besatzungssoldaten erzählen, so wird in der Polyphonie der *Mutmassungen* der Prozess der Erinnerns als Prozess des Erzählens vorgeführt.

Weitere Betrachtungen Paefgens wenden sich dem Vergleich der Initiationen in E.T.A. Hoffmanns *Der Sandmann* und David Lynchs *Blue Velvet*, der *Woyzeck*-Verfilmung Werner Herzogs, der Sophokles-Rezeption in Robert Altmans *Gosford Park* und der Motivgeschichte der Jeanne d'Arc zu. Dieser Band zu »Film-Literatur-Begegnungen« (9) kann durch die Vielzahl und Diversität der Untersuchungsgegenstände ein Forschungsfeld strukturieren helfen, das die wechselseitige, die wahlverwandtschaftliche Befruchtung von Film und Literatur allmählich erschließt.

Sebastian Ostermann

Zu: Matthias Wilde: Die Moderne beobachtet sich selbst. Eine narratologische Untersuchung zu Uwe Johnsons *Jahrestage*, seinem Fragment *Heute Neunzig Jahr* und zu Robert Musils *Der Mann ohne Eigenschaften*, Heidelberg 2009 (Neue Bremer Beiträge, Bd. 15)

Erzählen bedeutet Selektieren. Denn nicht alles, was die Lebenswelt umfasst, kann erzählt werden. Erzählen heißt also auch, das Feld der Narration zu begrenzen, Strukturen zu schaffen, in denen eine kohärente Erzählung ihren Rahmen hat. Doch auch die Selektion unterliegt einem Wandel, der durch zwei aufeinander aufbauende Moderne-Konzepte begründet ist. Matthias Wilde legt seiner Studie *Die Moderne beobachtet sich selbst* den Befund Zygmunt Baumans zugrunde, die Moderne sei eine Epoche der Ambivalenzen. Und diese Ambivalenzen können beobachtet werden.

Den theoretischen Rahmen der Arbeit bildet die Systemtheorie, die mit Niklas Luhmann zwei Formen der Beobachtung konstatiert: Die Beobachtung erster Ordnung ist beispielhaft in den Kunstwerken der ersten Moderne zu finden, Robert Musils *Mann ohne Eigenschaften* ist ihr zuzurechnen. Die Beobachtung zweiter Ordnung beobachtet sich in der Beobachtung selbst und erlangt so ein höheres Maß an Reflexivität. Wilde schreibt Uwe Johnsons *Jahrestage* dieser Dimension zu.

Diese modernetheoretischen Überlegungen ziehen sich wie ein roter Faden durch Wildes Arbeit. Die Unterteilung in ›erste‹ und ›zweite‹ Moderne übernimmt er von Heinrich Klotz und grenzt sie kritisch gegen Konzepte der Postmoderne oder Spätmoderne ab. Dieser theoretische Rahmen hilft, Binnenepochen der deutschen Nachkriegsliteratur bzw. -kunst zu charakterisieren. Reichte die erste (literarische) Moderne von der Epoche der historischen Avantgarden bis in die 1960er Jahre hinein, so beobachtet Wilde in der Literatur der späteren Gruppe 47 Tendenzen, bei denen die Moderne sich selbst historisch wird, sich selber in ihren Voraussetzungen reflektiert – der Ausweis der zweiten

Moderne. So interessant diese Vorüberlegungen und Fragestellungen auch sind – leider bleiben die Ausführungen theoretisch schwach, sehr schematisch und in ihrer Anwendung auf andere literarische Werke unkonkret und wenig fassbar.

Die berechtigte Frage Wildes ist nun, inwieweit die beiden Beobachtungsstufen Einfluss auf die Erzählkomposition nehmen. Wie ist der Erzähler der Romane angelegt? Was erzählt er, was nicht? Wie unterscheiden sich die Modi des Erzählens? Die Arbeit hat ihren Schwerpunkt im Erzähltheoretischen. In einem *close reading*-Verfahren analysiert Wilde die Romane anhand ihrer Erzählstrukturen, der Erzählerfiguren, die sich im Übergang von der ersten zur zweiten Moderne ändern, und der Raum- und Zeitformationen. In Teilen fühlt man sich an strukturalistische Literaturanalysen erinnert, wie sie beispielsweise Roland Barthes in *S/Z* durchführt. Wildes Lektüre ist sehr kleinteilig angelegt. Neben umfangreichen narratologischen Befunden, die in der Analyse der *Jahrestage* die Relation der beiden Erzähler Gesine Cresspahl und Genosse Schriftsteller thematisieren, finden sich Klassifizierungen semantischer Felder, Analysen des Einsatzes von Fremdsprachen und Dialekten sowie zahlreiche Tabellen, die helfen sollen, die Befunde zu visualisieren, d. h. zu schematisieren.

Wilde stellt heraus, dass es einen kategorialen erzählerischen Unterschied in den Romanen Musils und Johnsons gibt. Während die Erzählung bei Musil linear angelegt ist – der Erzähler schweift von kleinen Alltagsbeobachtungen in seine essayistischen Reflexionen ab –, weitet sich die Erzählperspektive in den *Jahrestagen* flächig aus. ›Flächigkeit‹ bezeichnet bei Wilde sowohl ein diachrones Erzählen, immerhin wird neben dem (aktuellen) Leben in New York auch die (vergangene) mecklenburgische Biographie Cresspahls erzählt, als auch eine Wiedergabe paralleler Erzählstränge.

Vor der Folie eines Romans der ersten Moderne zeigt Wilde am Beispiel ›Zeitung‹, wie sich die narrative Einbindung von Medien in die Erzähltexte verändert. Während Musil in *Der Mann ohne Eigenschaften* noch Meldungen, so den Fall Moosbrugger, fingiert, die in die Handlung integriert werden, verfährt Johnson grundlegend anders: Seine Meldungen entstammen der »Tante Times«, und sie werden oftmals von Gesine Cresspahl wiedererzählt. Somit wird das früher eindeutige Verhältnis von Ereignis und Narration prekär. Indem Gesine die Meldungen auswählt und subjektiv reproduziert, verlieren sie zwangsläufig den Status des Objektiven. Wilde holt solche Beobachtungen theoretisch ein, indem er diese Erzählstrategie Johnsons in den Diskurs der zweiten Moderne einstellt: »Der Leser beobachtet, wie Narration, sei es in der Geschichtswissenschaft, sei es in der privaten Erinnerung, Wirklichkeit erzeugt, die immer von der vergangenen Wirklichkeit abweicht. Er sieht, dass dieser Prozess unvermeidlich ist.« (278)

Wilde macht in den *Jahrestagen* eine produktive Spannung zwischen dem Fiktiven und dem Fakultativen aus, die er mit Gérard Genettes Narratologie untersucht. Dieses Spannungsfeld ist bezeichnend für realistische Romane, in denen eine genaue Trennung beider Kategorien zum Teil ununterscheidbar wird. Die Suggestion des realistischen Romans, genau so hätte etwas passieren können, beruht auf der inhärenten Erzähllogik, die geschichtliche Faktenlage nicht reproduzieren zu müssen. In diesem Sinne operiert Johnson mit einer ständigen Annäherung an die Grenze von Fakten und Fiktionen: »Die *Jahrestage* bewegen sich zwar knapp an der Grenze zur Faktualität – sie sind im Sinne des realistischen Romans sehr wahrscheinlich –, doch überspringt die Erzählung niemals diese Grenze.« (67) Im Bezug auf die »New York Times« liest sich der Befund wie folgt: Natürlich sind Zeitung und die darin enthaltenen Meldungen real, sie entsprechen sogar einer Kategorie des Dokumentarischen, aber durch die Erzählung Gesines werden sie immer wieder in den Bereich des Fiktiven zurückverwiesen.

Die zweite Johnson-Lektüre ist *Heute Neunzig Jahr* gewidmet. Dieses Textfragment untersucht Wilde wiederum erzähltheoretisch. Dabei steht ebenfalls die Erzählerin Gesine Cresspahl im Mittelpunkt der Erzählung, doch die Befunde unterscheiden sich von denen der *Jahrestage*. Ist auch das Personal in Teilen gleich, so berichtet doch Gesine auf eine andere Art und Weise. Schließlich geht es ihr darum, die Geschichte ihres Vaters Heinrich Cresspahl zu erzählen. Doch die Schwierigkeiten, vor die sich Gesine gestellt sieht, hinterlassen deutliche Spuren in der Erzählstrategie. Auffallend sind, so kann Wilde zeigen, Gesines metafiktionale Einlassungen. Dort, wo verlässliche Informationen fehlen, wird die Phantasie bemüht, die Leerstellen zu füllen. Der Leser kann also intensiv beobachten, wie die Geschichte entsteht, er erkennt, an welchen Stellen das Erzählen selber problematisiert wird. Die Reduktion der beiden Erzählinstanzen der *Jahrestage*, Gesine Cresspahl und Genosse Schriftsteller, auf eine Erzählerin, Gesine, die gleichzeitig ihre Erzählung immer wieder reflektiert, macht bei allen thematischen Überschneidungen den narrativen Reiz dieses Prosafragments aus. Kritisch modifiziert Wilde die These Norbert Mecklenburgs, die *Jahrestage* lieferten die Mastererzählung der Handlungen in Jerichow, indem er auf die ästhetischen Dimensionen von *Heute Neunzig Jahr* verweist: In jeder Wiederholung steckt eine Differenz, die sich im Fragment durch »harte Schnitttechnik und das analistische Erzählverfahren« (147) zeigt und in der Verschiebung der Erzählperspektive begründet ist. Wilde führt die heterogene Stoffverarbeitung auf das zentrale Thema Johnsons zurück und leitet daraus die für den Roman entscheidende Frage ab: »Wie hängen Erzählen und Erinnern zusammen?« (147)

Wildes Arbeit ist in Teilen getragen von einer eigenartig esoterischen Diktion. Was als freie Reflexion über die *Jahrestage* angelegt ist, gerät ins Ungefähre, ins Nebulöse. Beispielsweise wird die Eingangssequenz des Romans – Gesine Cresspahl beobachtet die Wellen der Ostsee – als eine Allegorie auf die Erzählung gelesen. Der gut gemeinte Versuch liest sich in Wildes Untersuchung folgendermaßen:

Im Werden und Vergehen der Welle als Allegorie des Lebens ist scheinbar (»als sei da«) ein Geheimnis eingeschlossen, welches schließlich zerstört und bei der nächsten Welle wieder da sein wird. Interpretierend gesagt, wäre das Geheimnis im weitesten Sinne das Leben generell, im engeren die folgende Erzählung. (23f.)

Ebenso fragwürdig sind Kommentare, die schlichtweg unverständlich sind. Selbst aus dem Kontext der Narratologie heraus erscheint der Satz »Ein Metadiskurs ist nicht besser oder schlechter als ein Diskurs« (27) relativ sinnfrei. Diese und vergleichbare Passagen trüben die ansonsten anregende Lektüre der Studie.

Sebastian Ostermann

Zu: Lothar van Laak: Medien und Medialität des Epischen in Literatur und Film des 20. Jahrhunderts: Bertolt Brecht – Uwe Johnson – Lars von Trier, München 2009

Der Anspruch, den Lothar van Laak an seine Studie *Medien und Medialität des Epischen in Literatur und Film des 20. Jahrhunderts* stellt, ist hoch: Ihm geht es um eine Neubegründung des Epischen aus der Medialität des Erzählens. Dazu wählt er einen dreifachen Ansatz, der erzählanthropologisch, narratologisch und medientheoretisch geprägt ist. Exemplarisch werden drei Werkkomplexe untersucht, die allein schon durch ihre Gattungsdiversität auffallen. Bertolt Brecht wird in seiner medienspezifischen Vielfalt wahrgenommen, indem das Epische Theater, sein Film *Kuhle Wampe*, die rundfunktheoretischen sowie seine narratologischen und reflexiven Schriften gemeinsam in den Blick kommen. Bei Uwe Johnson stehen insbesondere die Medienreflexion in *Das dritte Buch über Achim* und den *Jahrestagen* im Fokus, aber auch seine bislang wenig erschlossenen Fernsehkritiken in *Der 5. Kanal.* Zuletzt wendet sich van Laak den Filmen Lars von Triers zu, aus denen er *Medea*, *Breaking the Waves* sowie *Dogville* auswählt; eine Schlussbetrachtung konzentriert sich auf von Triers Wagner-Inszenierung. Komplettiert werden die Untersuchungsgegenstände durch zwei Exkurse, die Fritz Langs *Nibelungen*-Verfilmung und Margarethe von Trottas Fernsehadaption der *Jahrstage* behandeln.

Medien und Medialität, so lässt sich van Laaks leitende These zusammenfassen, sind konstitutiv für das Epische. Die erzähl- und medienanthroplogische Fundierung des Epischen gewinnt der Autor aus der Auseinandersetzung mit der neuen Phänomenologie (Merleau-Ponty, Waldenfels). Die Leiblichkeit, an die jede Erfahrung, aber auch jede Erzählung zwangsläufig gebunden ist, ist jene Instanz, in der das grundlegende Weltverhältnis, das Sein-zur-Welt gebunden ist. Der Leib ist an sich schon ein Medium, da in ihm »funktionale Vermitteltheit *und* konkret historische Vermittlung« (53) situiert sind. Als prototypisch für diesen Konnex sieht van Laak den Rhapsoden an, jene mythisch-mythologische Sängerfigur, die in Rezitationen dem Publikum leibhaftig gegenüber stand. Nicht von ungefähr tritt die Figur des Rhapsoden in der Literaturtheorie zu dem Zeitpunkt auf, als mit den Romantikern und ihren Vorläufern eine Transzendentalpoesie entwickelt wird.

Die Auseinandersetzung mit dem Film, der sich um die Jahrhundertwende etabliert, ist ein zweiter entscheidender Schritt, das Epische in der Literatur neu zu fundieren. Das neue Medium Film führte durch seine (anfänglich allein visuellen) Darstellungsmöglichkeiten zu einer Krise des Romans und des Theaters. Der ehemalige Totalitätsanspruchs des Romans, wie er noch in Georg Lukács' *Theorie des Romans* geschichtsphilosophisch zugrunde gelegt wurde, musste und konnte neu vom Film her gedacht werden. Das Epische im Film wurde zum Problem der Literatur, da es neue Erzählverfahren ermöglichte und die Medialität des Erzählens – aufgrund seiner Neuheit – ausstellte, sie sichtbar machte. Darauf musste die Literatur wiederum reagieren. Der Film steht für van Laak für eine »Neubegründung des Epischen« (85), da mit der entstehenden Kinematografie auch neue Erzählweisen in der Prosa und dem Theater zusammenfielen. Als historische Zäsur der Film-Literaturinterdependenz kann die so genannte »Kinodebatte« der 1910er und 20er Jahre gelten, aber auch die Etablierung des Tonfilms in den späten 1920er Jahren.

Der Film hat die Möglichkeiten des Epischen grundlegend verändert, indem das Bewusstsein für die Notwendigkeit geschärft wurde, über die medialen Voraussetzungen des Erzählens zu reflektieren. Brecht ist ein Autor, der diese Entwicklung aufgreift und mit dem Epischen Theater eine neue Form des Dramatischen etabliert, das seinen Erzählcharakter deutlich herausstellt. Es sind ein »Zeigen als Gestus« (187) und eine Orientierung an der Wirklichkeit, die die dialektischen Formen ausmachen. So entstehen in den Lehrstücken und den Opern Verbindungen aus Ästhetischem und Gesellschaftskritischem. Van Laak rehabilitiert in seinen Ausführungen Brecht als einen Medientheoretiker, der ganz zu Unrecht hinter den breiter rezipierten Zeitgenossen wie Rudolf Arnheim oder Walter Benjamin zurücksteht, da er gerade als Praktiker ungleich radikaler und konfrontativer war. Die produktive Auseinandersetzung mit dem Medienwandel hat die Integration der Massenmedien Rundfunk und Kino in sein Werk begründet und Brecht so zu seinen ›soziologischen Versuchen‹ und Wirklichkeitsexperimenten geführt.

In Johnsons Werken steckt nach van Laak ebenfalls ein hohes Maß an Medienreflexion. Setzt man voraus, Realität sei medial vermittelte Realität, so stellt sich für van Laak die Frage, wie man dem (ehemaligen) Totalitätsanspruch des Romans gerecht werden kann. »Die Totalität und das Panoramatische werden im *Dritten Buch über Achim* und den *Jahrestagen* deshalb in die Vollständigkeit der Beschreibung verlagert. *Sie* stellt die Welt dar, die erzählt, beschrieben wird.« (252) Durch die Beschreibung wird die grundsätzliche Mittelbarkeit der Literatur sichtbar. Als weiteren Befund des *Achim*-Romans analysiert der Autor die vielfachen Medienreferenzen – es geht u. a. um Rundfunk, Fernsehen, Tonband –, die eine konsequente Kombination unterschiedlicher Mediensysteme vorführen. Van Laak stellt heraus, dass in eben diesen Referenzsystemen der Hintergrund für Johnsons Erzählung liegt: Es ist einerseits das Wissen um die mediale Bedingtheit der Wirklichkeitskonstruktion; andererseits reflektiert sie den eigenen Fiktionscharakter. Darüber hinaus sind das bewusste Ausstellen der Dialogpassagen sowie die erzählerische Darstellung von Blickgesten als medienreflexive Textstellen zu lesen.

In den Fernsehkritiken in *Der 5. Kanal* greift Johnson auf Brechts *Kleines Organon für das Theater* zurück, dessen »Darstellungs-, Wahrnehmungs- und Wertungskategorien« (273) von Johnson adaptiert werden. Johnson interessiert sich für die Poetologie medialer Praxis. Immerhin kann er sich anhand der Spielfilme des DDR-Fernsehens mit der Frage auseinander setzen, welchen Realitätseffekt Filme zeitigen. Hier tut sich ein gravierendes Realismusproblem auf: Spricht man den Bildern eines Spielfilms den gleichen Aussagewert wie einem Dokumentarfilm zu, so unterläuft man Johnsons Grundannahme, dass jede mediale Darstellung immer nur eine Version der Wirklichkeit abbilden kann. Hierin ist durchaus ein poetologisches Konzept erkennbar, das van Laak als charakteristisch für Johnson behauptet: Es ist transzendentalpoetisch angelegt, es suspendiert die historische Figur des Rhapsoden zugunsten einer medial geprägten Schreibweise. Dieser Gedanke ist durchaus ethisch motiviert, denn wenn die Wirklichkeit mittlerweile ins Funktionale abgerutscht ist, dann muss eben dieser Funktionalismus episch-medial eingeholt werden.

Die *Jahrestage* sind gekennzeichnet durch vieles, was van Laak als typisch für die Medialität des Epischen beschreibt: Montage, dokumentarische Verfahren, Formauflösung sind nur einige Merkmale, die sich in Johnsons »Medienroman« (277) nachweisen lassen. Johnson führt vor, wie ein »episches und dadurch *mediales* Weltverhältnis« (277) konstruiert wird. Er führt über die Protagonistin Gesine Cresspahl vor, dass das Erzählen ein Erzählen von Geschichten ist; Medien potenzieren diesen Erzählgestus und strukturieren die *Jahrestage* ebenso, wie sie narrativ eingebunden sind. Ein Charakteristikum stellt für van Laak die Tatsache dar, dass die Differenzen der verschiedenen Mediensysteme selbst immer wieder thematisiert werden. So wird der Leser beispielsweise immer wieder daran erinnert, dass eben jetzt eine Fotografie beschrieben oder dass die Meldung aus der »New York Times« nacherzählt wird. Besonders intensiv widmet sich der Autor der Bedeutung des Telefons in den *Jahrestagen*, das in mannigfaltiger Weise im Roman erscheint: Es modelliert die Erzählung, es ist Anlass für Erzählungen, es dient intertextuellen Bezügen, es hilft in Kontakt zu treten mit Geisterstimmen. Das Telefon suggeriert darüber hinaus auch den Anschein einer unmittelbaren Kommunikation, eine subtile Volte, die Johnson gerne einbaut, um wiederum über die Medialitäten der einzelnen Medien zu reflektieren.

Diese ausgeklügelte Medienreflexion kann eine Verfilmung der *Jahrestage* nicht liefern, dafür erlangt sie einen anderen Eigenwert. Wenn van Laak darüber nachdenkt, wie Johnsons hochkomplexer Roman adäquat verfilmt werden könnte, so schlägt er (letztendlich spekulativ) einen Genremix vor: Der Film »würde die Genrekonzeptionen des Melodramatischen [...] durch die Öffnung hin auf ein umfassenderes Erzählen wie der Familiensaga zu einem besonderen, zwar melodramatisch angereicherten [...] epischen Film transformieren, der epischer [...] als der Roman selbst ist.« (295) Der Eigenwert der Verfilmung läge dann darin, eine erzählerische Homogenität zu schaffen. Und *en passant* episierte das neue Medium Film das alte, nämlich den Roman.

Auch im letzten Teil der Studie steht wieder Brecht im Mittelpunkt, weil er sowohl für Uwe Johnson wie für von Trier ein Referenzautor ist. Lars von Triers Filme entlehnen Teile ihrer Poetologie Bertolt Brechts Epischem Theater. Die Verbindungslinie Brecht – von Trier ist hauptsächlich ästhetisch motiviert; bei beiden Autoren findet man Ästhetiken der Reduktion und der Verfremdung, beide stellen explizit den Produktionscharakter aus – besonders deutlich in von Triers *Dogville*, wie van Laak überzeugend herausarbeitet.

Van Laaks Trias-Bildung mit Brecht als archimedischem Punkt geht voll und ganz auf, dabei überzeugen, wie gezeigt, in besonderer Weise die medientheoretisch perspektivierten Neulektüren der johnsonschen Romane, auch im Horizont der neuen Debatten um Ethik und Rhetorik (vgl. den Beitrag von van Laak in diesem Band).

Anschriften der Beiträgerinnen und Beiträger

Dr. Monika Eikel-Pohen, 151 Sweazey Road, Lansing, NY, 14882, USA
eikel-pohen@gmx.de

Dr. Thomas Herold, Harvard University, Dept. of Germanic Languages and Literatures, Barker Center 365, 12 Quincy St, Cambridge, MA, 02138, USA
therold@fas.harvard.edu

André Kischel, Heller Weg 5b, D-18239 Satow
andre.kischel@uni-rostock.de

Dr. Ulrich Krellner, Freie Universität Berlin, Institut für Deutsche und Niederländische Philologie, Habelschwerdter Allee 45, D-14195 Berlin
ulrich.krellner@web.de

PD Dr. Lothar van Laak, Universität Bielefeld, Fakultät für Linguistik und Literaturwissenschaft, Postfach 10 01 31, D-33501 Bielefeld
lothar.van.laak@uni-bielefeld.de

Dr. Céline Letawe, Université de Liège – Centre d'Etudes Allemandes, Place Cockerill 3, 4000 Liège, Belgien
cletawe@ulg.ac.be

Dr. Katja Leuchtenberger, Holsteinische Straße 36, D-10717 Berlin
k.leuchtenberger@berlin.de

Dr. Michael Opitz, Waldstraße 11a, D-12589 Berlin
opitz@ies-berlin.de

Sebastian Ostermann, M.A., Universität Paderborn, Institut für Medienwissenschaften, Warburger Str. 100, D-33100 Paderborn
sebost@mail.upb.de

Antje Pautzke, Arno-Holz-Str. 6, D-18057 Rostock
antje.pautzke@uni-rostock.de

Jasmin Weber, M.A., Gutenbergring 2, D-84453 Mühldorf am Inn
jasmin-web@gmx.de